もうひとつの

最強馬伝説

関係者だけが知る名馬の素顔

編著　マイクロマガジン名馬取材班

36 Legend Horses

MICRO MAGAZINE

はじめに

1980年代後半、競馬界はかつてないほどの熱狂に沸いていた。第2次競馬ブームである。この史上稀にみる大ブームを経て、競馬は国民的娯楽として確固たる地位を築いた。その後、ブームは沈静化し、日本中央競馬会の売り上げも1997年を境に下降線をたどっていくが、2012年から再び上昇に転じ、その活況は今も続いている。そうしたこともあり、ここ数年「競馬ブーム再来」という声も囁かれるようになった。

これには勝馬投票券のネット販売の浸透など、さまざまな要因が考えられる。しかし、多くの人の目を競馬に向けさせる原動力となるのは、競馬の主役たる「競走馬」である。特に強い馬の出現は競馬の隆盛に欠かせない。強いヒーローやヒロインが現れてこそ、多くのファンが夢と興奮に包まれていくのだ。

実際、これまでの競馬ブームの陰には必ず立役者になった馬がいた。1970年代の第1次競馬ブームではハイセイコー、先述の第2次競馬ブームではオグリキャップ。日本中央競馬会の売り上げ再上昇の年である2012年には芦毛の個性派・ゴールドシップがクラシックで活躍。翌年にはキズナが日本ダービーを制し、そ

の名前と共に東日本大震災からの復興に突き進む日本を勇気づけた。以後もキタサンブラック、アーモンドアイ、コントレイルをはじめ、白毛のアイドルホースのソダシも現れ、さらには現在進行形で、イクイノックスやリバティアイランドといったモンスタークラスの強者が令和のターフを盛り上げている。その一方で、日本競馬の至宝ディープインパクト、名勝負を繰り広げた女傑ウオッカとダイワスカーレット、破天荒な強さを持つオルフェーヴルらが、競馬不振の時期を下支えしていたことも忘れてはいけない。

中央競馬にはこれまで数多のGI馬が生まれてきた。その中でもGIの勲章を何度も手に入れた馬は「名馬」、あるいは「最強馬」とも呼ばれる。そして名馬の華やかで輝かしい事績は、レースを目の当たりにした多くの競馬ファンによって、熱く後世に語り継がれていく。本書では第2次競馬ブームの時代から現在（2023年）までに活躍した綺羅星のごときGI馬から、記録にも記憶にも残る名馬36頭をセレクト。それぞれの馬の関係者に取材を敢行し、そのレースぶりはもとより、今だから話せるエピソードなど、強さや速さだけでは測れない名馬の本質を追ってみた。

未来に語り継ぎたい新たな名馬伝説が、今ここに始まる。

マイクロマガジン名馬取材班一同

名馬と共に歩んできた日本の近代競馬

～草創期から昭和の最高傑作といわれた皇帝君臨まで～

三冠馬から幻の馬まで 時代の節目に名馬現る

日本競馬のルーツは、奈良時代から始まった〝競べ馬〟とされている。速さを競うだけでなく、乗り手の攻撃によって相手を落馬させても勝ちで、競技というよりは武技であった。近代競馬、いわゆる洋式競馬が行われるようになったのは江戸末期。黒船の来航により、1859年に外国人居留地が横浜に設けられ、その翌年に現在の元町で居留外国人が開催したのが、日本最古の洋式競馬といわれている。そして競馬の大きな転換期となったのが1936年。日本競馬会が発足し、翌年に各地の競馬主催団体を統合、日本馬の大型化と改良を目的に体系的な番組の編成がなされた。

すでに行われていた日本ダービー（東京優駿大競走）に加え、1938年にオークス（阪神優駿牝馬）と菊花賞（京都農林省賞典四歳呼馬）、翌年には桜花賞（中山四歳牝馬特別）と皐月賞（横浜農林省賞典四歳呼馬）が次々に施行された。そして、1941年に1頭の馬が横浜競馬場でデビューする。初戦を勝利すると、返す刀で皐月賞を快勝、日本ダービーも8馬身差で圧勝し、秋の菊花賞も制して、国内史上初の三冠を達成した。戦前唯一の三冠馬セントライトである。

しかし、その菊花賞の後に日本はアメリカとの開戦を決定。太平洋戦争が勃発

～日本近代競馬の歴史～

【奈良時代】

・競べ馬（くらべうま）と呼ばれる乗馬競技が始まる

【江戸時代】

1860年

・横浜の本村（現在の元町）で移民してきた居留外国人たちにより日本初の洋式競馬が行われる

1862年

・横浜新田にて日本初の洋式競馬場で競馬を開催

1866年

・居留外国人による運営組織・横浜レースクラブが発足

1867年

・居留外国人のための常設競馬場「根岸競馬場」が開設

【明治時代】

1870年

・九段にて日本人運営による初の洋式競馬・招魂社祭典競馬が開催

1872年

・札幌神社で祭典競馬を開催（札幌競馬の発祥）

1875年

・函館招魂社祭典競馬が開催（函館競馬の発祥）

・根岸競馬場で西郷従道が日本人馬主として初めて所有馬を出走させる。自らが騎乗したミカンで勝利し、日本人の馬主としても騎乗騎手としても初優勝

1879年

・華族が共同競馬会社を発足

1880年

・日本レース・倶楽部（前身は横浜レースクラブ）発足

1884年

する。それでも競馬は行われていたが、戦局が悪化していくと、1943年12月19日、ついに翌年以降の開催中止が決定した（1944年は能力検定競走として施行）。再開されたのは1946年で、この2年後にGHQの指示により日本競馬会が解散、国営競馬として再スタートした。同じ年に誕生したのが、後に〝幻の馬〟と称されるトキノミノル。皐月賞と日本ダービーを含む通算成績10戦10勝、そのうち7回のレコード勝ちがあり、勇名は一般社会にまで浸透。ダービー当日には7万人余りの観衆が東京競馬場を訪れた。だが、レース後に破傷風を発症して急死。その訃報は一般紙にも掲載されるなど、トキノミノルは競馬人気を高めた最初のスターホースであった。

日本中央競馬会が主催者となった1954年以降も、日本馬初の海外重賞勝ち馬ハクチカラ、トキノミノルの再来といわれた二冠馬コダマなど、数々の名馬が登場したが、セントライト以来、三冠馬は現れていなかった。だが、東海道新幹線開業、東京オリンピック開催など、戦後の復興を象徴する出来事があった1964年、ついに三冠馬が現れる。シンザンである。シンザンは古馬になってからも天皇賞・秋と有馬記念を制し、当時最高峰だった八大競走のうち、出走できる全レースを勝ったことから、五冠馬と称された。その引退後「シンザンを超えろ」が日本のホースマンの合言葉となったのは有名な話である。

戦後初の三冠馬となり、後に五冠馬とも称された伝説の名馬・シンザン。その走りは「鉈の切れ味」と呼ばれた。

写真／JRA

・宮崎に競馬場建設
・共同競馬会社が上野不忍池畔に競馬場を開設

1885年
・鹿児島に競馬場建設

1887年
・信夫招魂社祭典競馬が開催（福島競馬の発祥）

1888年
・日本レース・倶楽部が主催者として初めて馬券を発売

1895年
・日本レース・倶楽部がオーストラリア産馬を初輸入

1896年
・現在の地に函館競馬場竣工

1901年
・新潟に競馬場が開かれる

1905年
・政府が馬券の発売を黙許

1906年
・根岸競馬場でエンペラーズカップ（天皇賞の前身）施行
・東京競馬会が発足し、池上競馬場を新設。日本人主催による初めての馬券発売を伴う開催が行われる

1907年
・現在の地に札幌競馬場が開設

1908年
・前年から競馬施行を目的とした競馬団体が続々と誕生し、全国15カ所で競馬が開催される
・馬券発売禁止令発令

1910年
・全国15の競馬団体が11競馬倶楽部に改組

【大正時代】

1913年
・根岸競馬場でコイワヰが内国産馬（持込馬）として初めてオーストラリア産馬に勝利

国民的アイドルホースとして絶大な人気を博したハイセイコー。中央の人気馬に真っ向から立ち向かう姿が多くの人の心を惹きつけた。

写真／JRA

社会現象にもなったハイセイコーブーム

高度経済成長の波に乗り、好景気に沸いた1960年代後半、競馬でもタケシバオーが初めて獲得賞金1億円を突破。好況と共に競馬の売り上げもうなぎ登りで、1970年代前半には大きな競馬ブームが起こった。その立役者がハイセイコーである。

高度経済成長期の終わりが見えた1972年に大井競馬場でデビューし、6連勝後に中央へ移籍。翌年の弥生賞出走時には「地方出身者が中央のエリートに挑戦する」という図式がファンの関心を呼び、中山競馬場には12万人もの観客が押し寄せた。そうした熱狂の中、ハイセイコーは期待に応え、皐月賞を優勝。その人気は沸騰し、競馬ファンだけに留まらず、多くの国民が夢中になった。ハイセイコーは、いわゆる「アイドルホース」の先駆けであり、日本ダービーで不敗神話が途切れても、その人気は衰えなかった。このブームのおかげで「公営競技＝ギャンブル＝悪」というイメージが薄まり、競馬は健全な娯楽として世間に認知されるようになっていく。

ハイセイコーの引退後は「ＴＴＧ」と呼ばれる天馬トウショウボーイ、流星の貴公子テンポイント、緑の刺客グリーングラスの同世代3頭が競馬界を牽引し、一世代下の持ち込み馬マルゼンスキーもたった8戦ながら、その圧倒的な強さでファンを魅了した。

そしてそのわずか数年後、2年連続で

1918年
・福島競馬倶楽部発足
1920年
・中山競馬倶楽部による第1回中山競馬を開催
1923年
・競馬法が公布され、馬券発売が解禁
1925年
・淀に京都競馬場竣工

【昭和時代】
1931年
・小倉市北方に小倉競馬場竣工
1932年
・第1回日本ダービー（東京優駿大競走）施行
1933年
・府中に東京競馬場竣工
1936年
・日本競馬会が発足し、翌年に全国の競馬倶楽部を統合
1938年
・第1回オークス（阪神優駿牝馬）施行
・第1回菊花賞（京都農林省賞典四歳呼馬）施行
1939年
・第1回桜花賞（中山四歳牝馬特別）施行
・第1回皐月賞（横浜農林省賞典四歳呼馬競走）施行
1941年
・セントライトが初の三冠馬に
1943年
・翌年以降の競馬開催が中止に
1946年
・競馬開催が再開
1948年
・新競馬法公布により日本競馬会は解散、国営競馬と地方競

史上4頭目の三冠馬にして完全無欠の皇帝・シンボリルドルフ。無敗で日本ダービーを制し、鞍上の岡部幸雄は誇らしげに2本の指を天にかざした。

写真／JRA

三冠馬が出現する。１９８３年にミスターシービーがシンザン以来19年ぶりに三冠を達成すると、翌年にはシンボリルドルフが史上初、無敗で三冠を制したのだ。シービーは追い込みタイプ、一方のルドルフはどこからでも競馬ができる優等生タイプで、同じ三冠馬でも競馬は対照的だった。両馬は１９８４年のジャパンC、同年の有馬記念、翌年の天皇賞・春と計三度対戦しており、いずれもルドルフが先着。人気はシービー、実力はルドルフといわれ、２頭の三冠馬が競馬を大いに盛り上げたのである。

ルドルフが三冠馬となった年は、日本中央競馬会がグレード制を導入した年でもある。ルドルフは三冠以外に天皇賞・春、ジャパンC、有馬記念を連覇するなどGI7勝を挙げ、馬名にちなんで〝皇帝〟と称された。長らく「シンザンを超えろ」が日本のホースマンの合言葉になっていたが、「ルドルフを超えたか」が新しい基準となっていく。

そのルドルフが引退し、メジロラモーヌが国内史上初の牝馬三冠を達成した１９８６年の翌年、タマモクロスとオグリキャップがデビューする。芦毛伝説の序章であり、空前の第2次競馬ブームの始まりでもあった。

そして――その第2次競馬ブームから現在まで、ターフを彩った数々の名馬の伝説をこれから紹介していこう！

そして日本競馬は 空前の一大ブームへ！

馬制度が制定
・銀座プレイガイドで場外発売開始

１９４９年
・阪神競馬場移転竣工

１９５３年
・中京競馬場竣工

１９５４年
・日本中央競馬会創立

１９５６年
・第１回有馬記念施行

１９６２年
・日本短波放送による中央競馬実況中継開始

１９６４年
・地方競馬全国協会創立
・シンザンが戦後初の三冠馬に

１９７３年
・ハイセイコー人気により第１次競馬ブーム到来

１９８１年
・第１回ジャパンカップ施行

１９８３年
・ミスターシービーが三冠馬に

１９８４年
・日本中央競馬会がグレード制を導入
・シンボリルドルフが無敗で三冠馬に

１９８６年
・メジロラモーヌが初の牝馬三冠馬に

もうひとつの最強馬伝説～関係者だけが知る名馬の素顔

目次

第2章　2000年代に活躍した名馬……65

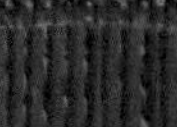

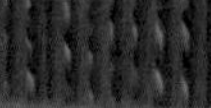

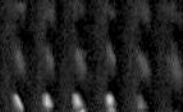

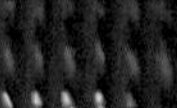

・本書の記事中の姓名表記は敬称略としております。
・本書の記事中の競走馬の馬齢表記に関しては、すべて2001年より改められた馬齢表記に即しています。ただし、2000年以前の馬齢表記を伴うレース名については、当時のままの名称で表記しています。
・本書の記事内容におけるデータや情報に関しては、2023年10月31日時点のものを使用いたしました。その後に状況が変化することもございますので、あらかじめご了承ください。

第1章
1980年代後半から1990年代に活躍した名馬

オグリキャップ
メジロマックイーン
トウカイテイオー
ミホノブルボン
サクラバクシンオー
ビワハヤヒデ
ナリタブライアン
マヤノトップガン
エアグルーヴ
タイキシャトル
サイレンススズカ
メジロドーベル
スペシャルウィーク
エルコンドルパサー
グラスワンダー

名馬No.1

オグリキャップ

多くのファンに愛された奇跡のアイドルホース

1989年のマイルCS。先に抜け出したバンブーメモリーにゴール前で並びかけるオグリキャップ。最後はハナ差でオグリに軍配が上がった。

写真／JRA

素顔を知る人

南井克巳 元調教師

1953年1月17日生まれ。愛知県出身。1971年に栗東・工藤嘉見厩舎所属の騎手としてデビュー。オグリキャップ最盛期の手綱をとるなど数多くの名馬に騎乗し、ＧⅠ16勝、重賞77勝を挙げる。1999年に騎手を引退し、2000年に厩舎を開業。2023年2月末に調教師を勇退した。

文／岡野信彦

天皇賞・秋の敗戦がなかったら…

バブル景気に沸いた1980年代。中央競馬は大きな変革期を迎えていた。当時、競馬といえば賭け事、ともすればダーティなイメージで捉えられていた。だが、中央競馬のイメージアップキャンペーンに加え、個性的なスターホースや武豊騎手の登場もあり、世代や性別を超えてファンの裾野は大きく広がっていく。こうして競馬は爆発的ブームとなり、国民的娯楽として確立した。その最大の立役者がオグリキャップである。

オグリは「アイドルホース」と呼ばれたが、その出自はいささか地味である。血統はマイナー。デビューしたのは地方競馬の笠松競馬場。そこで勝ち星を重ね、3歳（当時の表記は4歳）1月に中央競馬に移籍した。ここから快進撃が始まり重賞6連勝。1970年代のハイセイコーも地方出身馬で第1次競馬ブームの立役者となったが、こうした一種の下剋上的ストーリーは日本人の心の琴線に触れるのだろう。地方上がりの馬が中央のエリートを倒す図式に多くの人々が熱狂し、オグリは絶大な人気を得た。

オグリといえば、1990年の有馬記念、武豊騎手とのコンビが魅せた奇跡のラストランが有名だ。しかし、もっとも脂がのっていたのは4歳（当時の表記は5歳）。4歳時のオグリは春こそ脚部不安で療養を余儀なくされたが、秋のオールカマーで復帰し、有馬記念まで6戦を

4歳のオグリキャップは秋のオールカマーから始動。鞍上は南井克巳に替わり、ここから有馬記念までの「伝説の6戦」が始まる。

写真／JRA

プロフィール

生年月日	1985年3月27日生まれ
性別	牡馬
毛色	芦毛
父	ダンシングキャップ
母	ホワイトナルビー（母父：シルバーシャーク）
調教師	鷲見昌勇（地方）、瀬戸口勉（中央）
馬主	小栗孝一→佐橋五十雄→近藤俊典
生産牧場	稲葉牧場（三石）
戦歴	32戦22勝（地方12戦10勝）
主な勝ち鞍	有馬記念（2回）、安田記念、マイルCS

レースの軌跡

1987年5月に笠松競馬場でデビュー。翌年1月、12戦10勝の実績を引っ提げ中央競馬に移籍。いきなり重賞連勝を飾ったが、クラシック登録をしていなかったため三冠レースに出走できず、秋には古馬ＧⅠ戦線に参戦し、有馬記念でＧⅠ初制覇を飾る。4歳時は秋から始動。伝説に残る激闘を繰り広げる。5歳時の秋は不振を極めたが、ラストランとなった有馬記念で奇跡の復活を遂げ優勝した。

戦い抜いた。いわゆる「伝説の6戦」だが、そのすべてでオグリに騎乗していたのが南井克巳である。オグリの全盛期をもっともよく知る人物として、あの年のオグリを振り返り、騎乗して感じた怪物の本質にも踏み込んでもらった。

「オグリに初めて乗ったのは4歳のとき。今でいう3歳ですね。京都4歳特別に河内くんの代役で乗せてもらったんですけど、あのときは単枠指定でプレッシャーもかかるじゃないですか。でも終わってみれば強かった。レースを知っているみたいだったね。レースで行くところがわかっていたんじゃないですかね」

その印象は、再びオールカマーで騎乗したときも変わらなかったという。

「オールカマーは休み明けなんて関係なしに本当に強かった。レースでも自分からスーッと行きましたもんね。それに中央の場所に慣れてきて、馬がさらによくなっていました」

そのオールカマーを皮切りに、毎日王冠を使って天皇賞・秋に参戦。そこからマイルCS。そして連闘でジャパンCに出走…。今はもちろんだが、その当時でもあり得ない過酷なローテだった。

「でも最後の有馬記念を除けば、もう状態はずっと良くって。特に天皇賞・秋は最高の状態でした。でも僕が直線でちょっと出られなくなって、その分だけスーパークリークに届かなかった。ちょうどいい手ごたえで行って、そのときにちょっと

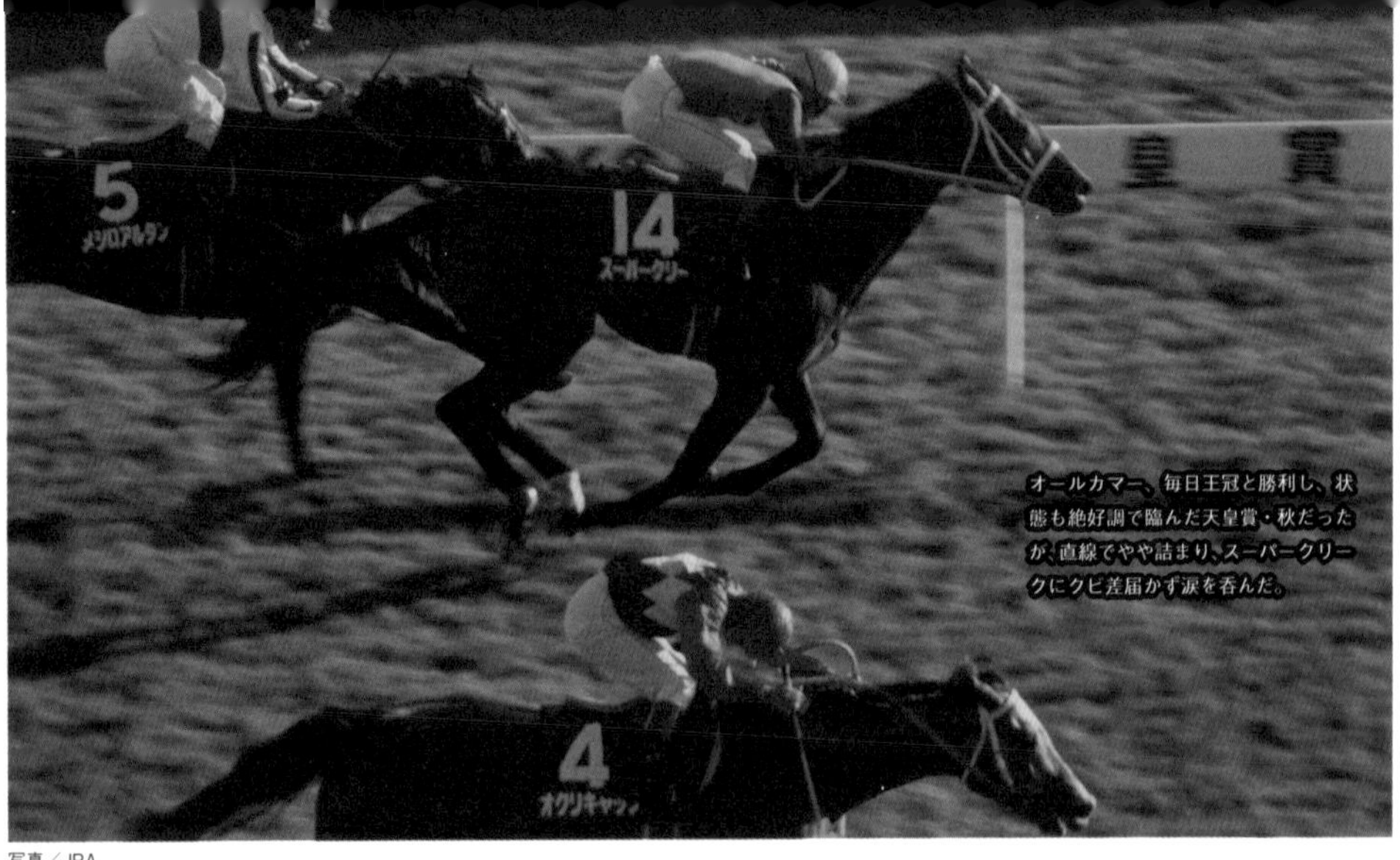

オールカマー、毎日王冠と勝利し、状態も絶好調で臨んだ天皇賞・秋だったが、直線でやや詰まり、スーパークリークにクビ差届かず涙を呑んだ。

写真／JRA

狭くなって。東京は直線が広く長いように見えて、詰まることもけっこう起こるんですよ。あそこはもうちょっと早く動いていればいいのか、あるいはそのまま我慢しておけばよかったのか…」

南井はオグリの騎乗で、この天皇賞・秋の敗戦をことさら悔しがっていた。

「当時、天皇賞・秋で負けて、あのあと僕は『ジャパンC1本でいってほしいです』『その方がいいです』って厩舎で言ったんです。やっぱりかわいそうですもんね。だから天皇賞・秋を勝っていれば次はジャパンCで、マイルCSには行かなかったと思うんですよ」

だが運命のいたずらか、マイルCSからジャパンCへの連闘は、オグリ伝説の重要な1ページとなった。

「マイルCSで負けたら、もう僕は騎手としてどうにもならんなと思ってました。レースでは好スタートを切ったんですが、無理して行っているわけでもないのに反応が鈍くて。直線もこれは危ないと。でもグイグイ終い伸びて…あれはもう馬の能力ですね。最後までどっちが勝ったかわからなかったですが、ハナ差勝っていた。もう本当にあのときは涙が出ましたもんね。あー馬に救われたなと」

マイルCSから連闘で臨んだジャパンCも世界レコードの快走。勝ったホーリックスを最後まで追い詰めた。

「あのジャパンCはすごいハイペースで、3コーナーあたりで手ごたえがないんですよ。しんどくて、苦しいなぁと思って乗ってました。最後は我慢比べでしたね。けど『苦しいなぁ』からまた最後グイっとハミがかかりましたから。勝負根性といいますか、自ら脚を使いますし、しかも長く脚を使えるんです」

休み明けの方が最大限の力を発揮できる

そして最後の有馬記念。オグリは1番人気を背負いながら5着に敗れた。

「レース前から本当じゃないなと思いました。あのとき僕、中山へ追い切りに行

4歳秋のオグリキャップは不振が続き「もう終わった」の声が囁かれる中、有馬記念で奇跡の復活を果たした。そのラストランに多くのファンが感動し、涙した。

写真／JRA

きまして、ちょっと疲れがあるなと。それまでの連戦で目に見えない疲れがあったのかもしれません。落鉄もしててね。いつもの手ごたえじゃなかった…」

それでもオグリは最後の力を振り絞り5着に入った。

「本当に頭が下がります。あんなふうにGⅠを使う馬なんていないでしょ。次の年の成績にムラがあったのは、疲れが残っていたからだと思いますね。僕はオグリは休み明けの方が走るタイプだと思っているんですよ。休み明けだからボケているんじゃないかとか、そういうわけじゃなくて。とても賢くて一生懸命に走る馬だから、使い過ぎると疲れてダメになってしまう。だから休んでリフレッシュした方が走ります。今だったらどこかGⅠを使ったらしばらく放牧に出して、次にまたいきなりGⅠを使うでしょ。そういう使い方であれば、オグリはいつも最大限の力を発揮できたでしょうね」

もしも今の時代にオグリがいれば、当時よりもっとGⅠを勝っていたかも。

「あの時代とは求められる血統も違いますし、何とも言えません。でもスピードもあるし、どんな流れにも対応できるし、冷静でレースぶりも優等生。弱点や欠点もまったくなかったすごい馬でした。僕はただ乗せてもらっていただけ(笑)。オグリの行くままにね」

賢く冷静で闘争心を内に秘め、どんな不利も跳ね返し、多くのファンのみならず、騎手にも大きな感動を与えたオグリ。地方上がりのワイルドで野武士的な印象とは対照的に、知的で洗練された優等生タイプだったというのも実に面白い。

オグリキャップはどんな馬だった？

- **レースを知っている賢い馬**
- **弱点や欠点のない優等生**
- **休み明けがもっとも本領を発揮できた**

前年の菊花賞、ステップレースの阪神大賞典を制し、圧倒的1番人気で臨んだ天皇賞・春を完勝。親子三代天皇賞制覇の偉業を達成した。

写真／JRA

名馬 No.2

名門の〝こだわり〟を紡いだ最強ステイヤー メジロマックイーン

文／大恵陽子

素顔を知る人

池江泰郎 元調教師

1941年3月1日生まれ。宮崎県出身。1959年に騎手デビュー。1978年に引退後、調教師免許を取得し、1979年に厩舎を開業。メジロマックイーン、ディープインパクト、ステイゴールドなど数多くのＧＩ馬を管理し、JRA通算845勝を挙げる。2011年2月末に定年のため調教師を引退した。

メジロライアンと菊花賞前に併せ馬

ステイヤーとして名を馳せたメジロマックイーン。その始まりは3歳秋に制した菊花賞だったのだが、当時はまだ注目を集める存在ではなかった。対照的に大本命と目されたのは、同じ「メジロ」の冠名を持つメジロライアン。しかし、この2頭で菊花賞直前にある練習試合を行ったことが、マックイーンの運命の歯車を少しずつ回し始めた。管理していた池江泰郎はこう懐かしむ。

「菊花賞を前にライアンと奥平さん（奥平真治調教師）が栗東トレセンに来ていて、追い切り前に『併せ馬する馬、いないか？』と聞いてきたんです。『うちにマックイーンという馬がおりますよ』と答えたら、『よかった、よかった。ちょうどメジロの馬同士だし、いいね』と併せ馬が決まったんです。こちらは菊花賞ではあまり注目されていなくて、そもそも出走できるかどうかも抽選次第という状況だったんです」

ところが、いざライアンとマックイーンの2頭による菊花賞追い切りが行われると、奥平調教師は血相を変えて飛んできた。

「ライアンが追われているのに対して、マックイーンは手綱を持ったまま先着したのを見て、奥平さんが『池江さん、この馬なんちゅう馬だ』ってね。奥平さんはライアンが楽に先着すると思っていたと思うんだけど。『池江さん、あの馬は菊花

メジロマックイーンの天皇賞・春初制覇後、鞍上の武豊の右手には、今は亡きメジロの総帥、北野豊吉会長の遺影があった。

写真／JRA

プロフィール

生年月日	1987年4月3日生まれ
性別	牡馬
毛色	芦毛
父	メジロティターン
母	メジロオーロラ（母父：リマンド）
調教師	池江泰郎
馬主	メジロ商事
生産牧場	吉田堅牧場（浦河）
戦歴	21戦12勝
主な勝ち鞍	菊花賞、天皇賞・春（2回）、宝塚記念

レースの軌跡

1990年2月にダート戦でデビュー。同年秋まで条件戦で勝利と惜敗を続けていたが、重賞初挑戦の菊花賞を優勝。翌年春には天皇賞・春を勝ち、親子三代の天皇賞制覇を達成。同年の天皇賞・秋では無念の1着降着で天皇賞春秋制覇こそならなかったが、翌年の天皇賞・春を快勝し、見事連覇を飾る。6歳時は天皇賞・春の3連覇こそならなかったが宝塚記念を優勝。しかし同年秋に繋靭帯炎を発症し引退した。

賞に使うのか？』『使おうと思って登録したんだけど、抽選だから入るかどうかわからないんです』『出走してきたら、相手はマックイーンだよ』なんて会話をしましてね」

当時、冠名「メジロ」の馬たちの活躍はすさまじく、池江も「メジロさんはどんな飼料をあげて、調教はどんなふうにやっているんだ？」と、ライバルからよく聞きにこられたという。そんなメジロ軍団の一軍相手に、マックイーンは調教といえども楽に先着したのだった。ましてやライアンは春に皐月賞3着、日本ダービー2着とGI制覇まであと一歩まで来ており、菊花賞では1番人気が予想され、単枠指定を受けた。単枠指定とは、特に人気が集中しそうな馬を単枠（1枠1頭）に指定する制度。まだ馬連や馬単がない時代、連勝式は枠連のみだったためこういったシステムがあったのだ。

ではなぜ、マックイーンはそれまで大きな注目を集めなかったのか。理由は、若馬にたびたび見られる管骨骨膜炎（俗に言うソエ）のため、大事を取って春はゆっくりと使われていたからだった。

「成長途上でまだ骨が弱くて、思うように調教ができずレースでも能力を出し切れずに負けることもあったから、『ダービーはちょっと無理ですから、秋に賭けましょう』とオーナーに伝えたんです。走るのはわかっていたからね」

池江自身もデビュー前に調教に跨った

前走の嵐山S敗戦後、その雪辱を期すべく菊花賞に臨んだ内田浩一とメジロマックイーンのコンビは、好枠を生かした堂々の先行策で完勝する。

写真／JRA

ことがあり「しっかりした腰をしていて、背中のフットワークが柔らかくて力強い」と感じていたそうだ。それだけに、目先のレースではなく、将来を見据えて無理をさせたくなかったのだ。

「オーナーも『いいよ、池江くんに任せるよ』と言ってくださいました。メジロさんはマックイーンだけじゃなくて、何頭もいい馬がいたからでしょう（笑）」

マックイーンは、脚元への負担を少しでも軽くするため、ダートのレースも使いつつ勝ち星を重ねていった。しかし、次のレースを勝てば賞金加算ができて菊花賞へ出走できるというところで、レース中の不利などもあって2着に敗れる。

かくして菊花賞への出走は抽選の結果次第となり、運を天に任せる身となった。そんな頃に、冒頭の併せ馬が実施されたのだ。

「菊花賞に出られたらちょっと楽しみかな、という程度だったんですけど、あの併せ馬で自信が湧いてきたよね。前走（嵐山S・1500万下）では弟子の内田浩一が乗って2着で残念な思いをしていたから、オーナーに『菊花賞までは乗せてください』とお願いしたら、『いいよ』と言っていただきました。せっかくうちの厩舎に弟子として入ってきたから、どこかで大舞台のチャンスがあればと思っていました」

さらに追い風は吹く。同じく抽選対象だった馬たちが回避し、マックイーンは抽選なしで出走枠に入ることができた。そして見事に菊花賞を制覇した。

「いやぁ、うれしかったですよ。浩一もよかったなって。勝った後に『浩一、舞い上がるなよ』と言ったけど、ぴょんぴょん跳んで大喜びしていたわ（笑）。ホント、ウサギみたいに跳び上がっていたよ」

仔馬の頃は芦毛なのに見た目が真っ黒でビックリ

その後、マックイーンは武豊騎手とのコンビで天皇賞親子三代制覇などの偉業を達成していくことになるが、弟子の喜

トウカイテイオーとの対戦が注目された1992年の天皇賞・春。2番人気に甘んじたメジロマックイーンは、先行策から早め先頭の競馬で連覇を達成する。

写真／JRA

ぶ姿を思い出しながら、池江は目尻を下げた。

「振り返ると、マックイーンのレース内容はいつも優等生だったね。距離が長かろうが短かろうが、正攻法の競馬で、スタートを決めて5～6番手につけられる馬だったから、レースはいつも安心して見ていられました。メジロの北野豊吉会長から『親子三代での天皇賞制覇を成し遂げるのはお前だぞ。頼んだぞ』とも言われました。多くのホースマンは日本ダービーを勝ちたいと言うけれど、会長は明治生まれの方で天皇賞に特別な思いを抱いていらっしゃいました」

マックイーンの祖父メジロアサマは1970年に、父メジロティターンは1982年に天皇賞を制覇。北野会長は残念ながら三代制覇の夢を見届けることなくこの世を去ったが、マックイーンが1991年に天皇賞・春を制して偉業を達成すると、口取り撮影で馬上の武豊騎手は遺影を掲げた。

「マックイーンとはいろんな経験をして、最後にはみんながこの馬の力を認めてくれて顕彰馬にも選出されたでしょ。感謝、感謝だよね。最初に牧場から『産まれたよ』と聞いて見に行ったら、芦毛なのに真っ黒でビックリしたこともあったけど(笑)。年齢を重ねて引退前にもなると、体全体に白い毛の星のような柄が浮いて、とてもキレイな芦毛になってきました」

産まれたばかりの毛色に驚かされ、ライアンとの併せ馬に先着して自信を抱き、天国の北野会長へ親子三代制覇の恩返しもできた。マックイーンとの思い出を語る池江は何度も優しい眼差しになった。

メジロマックイーンはどんな馬だった？

- **3歳春は成長途上で骨も弱かった**
- **しっかりした腰と背中**
- **フットワークが柔らかくて力強い**

およそ1年ぶりの復帰戦となった有馬記念。懐疑的な見方も多かった中、直線では人気のビワハヤヒデを競り落とし、復活の勝利を飾った。

名馬 No.3

皇帝の血を受け継いだターフの天才児

トウカイテイオー

文／和田章郎

素顔を知る人

岡元幸広
元二風谷軽種馬共同育成センター場長

1952年生まれ。二風谷共同育成センター開設当初から、現場の責任者として競走馬の育成に関わる。現在は一線を退いて故郷の鹿児島に戻り、後輩たちの活躍を見守っている。

成功・挫折・復活を経てテイオーは伝説になった

トウカイテイオーという馬は、すでに〝伝説の名馬〟として認められているが、そもそもデビュー前から〝伝説〟を宿命的に背負っているように感じさせる馬だった。そういう馬は滅多にいないし、本当に〝伝説〟になった馬など、ほかには見当たらないのではないだろうか。

とにかく史上初の無敗の三冠馬で、GⅠを初めて7勝したシンボリルドルフの初年度産駒だ。その馬が小さな牧場に生を受けた。まず出自が大きく関与したことはあるが、栗東の松元省一厩舎に入厩

三度の骨折、およそ1年のブランクをはねのけての奇跡のGⅠ勝利に、鞍上の田原成貴はトウカイテイオーの走りを称賛し、涙を流した。

プロフィール

生年月日	1988年4月20日生まれ
性別	牡馬
毛色	鹿毛
父	シンボリルドルフ
母	トウカイナチュラル（母父：ナイスダンサー）
調教師	松元省一
馬主	内村正則
生産牧場	長浜牧場（新冠）
戦歴	12戦9勝
主な勝ち鞍	皐月賞、日本ダービー、ジャパンC、有馬記念

レースの軌跡

1990年12月にデビュー。無敗で皐月賞と日本ダービーを制覇して二冠を達成したが、日本ダービーのレース中に骨折していたことが判明し、長期休養を余儀なくされる。翌年春に大阪杯で復帰し快勝。続く天皇賞・春で初黒星を喫する。さらに再度の骨折が判明。復帰後はジャパンCを優勝したが有馬記念で惨敗し、3回目の骨折にも見舞われる。しかしその翌年、363日ぶりの有馬記念をぶっつけで勝利という離れ業を演じた。

後、その独特の歩様と、伸びやかなフットワークで俄然、注目を集め始める。

暮れの中京戦でデビューし、新馬、シクラメンSを連勝。年明けも若駒S、若葉Sと連勝して無傷のまま4連勝。そして皐月賞、ダービーを制して二冠を達成する。その後、最初の骨折を経験して、父に並ぶことは叶わなかったが、10カ月ぶりの大阪杯を楽勝して初の古馬相手に無敗を継続する。

ところが続く天皇賞・春ではメジロマックイーンに敗れて、レース後に2度目の骨折が判明。捲土重来を期した同年の天皇賞・秋もいいところなく敗れた後、5番人気まで評価を落としたジャパンCで復活するが、一転して大きな期待を背負った有馬記念で大敗。三度の骨折に見舞われる。そして約1年ぶりの出走となった有馬記念で奇跡の復活を果たして感動を呼ぶ…。

こうして改めてキャリアを見ていくと、大きな期待を背負った2～3歳時は見事に結果を出した一方、4歳になって以降の成績は、対照的に常にケガと闘いながら好凡走を繰り返したことがわかる。

こうした必ずしも順風満帆ではなかった戦歴は、テイオーが伝説となることと無関係ではなかったろう。その劇的なキャリアを支えたのが、アイヌ語の〝豊かな森〟を意味する「ニブタイ」が語源とされる平取町の二風谷（にぶだに）地区。そこに現役時代三度も骨折しながら、その都度復活したテイ

20番枠も何するものぞ。1991年の日本ダービーはトウカイテイオーの独壇場。好位追走から直線では大外から抜け出し、2着に3馬身差をつける快勝だった。

写真／JRA

オーが、休養のたびに帰ってきた二風谷軽種馬共同育成センターがある。

1988年生まれのテイオーが二期生だというから、開場はBTC（軽種馬育成調教センター）以前。今でこそ当たり前になった育成施設だが、民間の育成場としては、その〝走り〟といえるだろう。

競馬史のひとつの章の表紙になってもいい馬

当時、この育成センターの場長を務めていた岡元幸広は懐かしそうに、しかし昨日のことのように振り返る。

「テイオーは本当に特別な馬でした。観察力がものすごくて、私が朝起きて馬房を覗くと、こっちの顔をジッと見て様子をうかがってくる。当時はサプリメントなんかないから、刈ってきたばかりの新鮮な草を与えるんだけど、いいモノとそうでないモノを区別していましたからね。リンゴなんかも、普通のものには目もくれず、おいしいリンゴしか食べない。そのあたりは敏感でしたよ」

神経質な性格については、似たようなエピソードを生産者の長浜秋一からも耳にしたことがあるが、今回、取材を受けてくれた岡元は、独特の言い方で表現してくれた。

「とにかく注射が嫌いでね。糞は絶対に踏まないし。普段はそんなに手がかかる感じはないけど、機嫌を損ねて、本気になって暴れたらどうなるんだろう、と思うようなときもありました。うん、タイプとしては優等生。だけど、あまり好かれないタイプの優等生だったかも」

と言って笑う。

骨折による療養中の様子はどうだったのだろう。

「ああいう気性の馬だったし、こっちも気は休まらなかったです。それこそ四六時中、気にしていましたね。馬を扱う人間として当たり前だと思ってました。とにかく気分よく過ごさせれば、心のリハビリにもなって、回復への一番の近道だと信じていました。有馬記念を勝った

柔軟性に富んだ馬体、貴公子とも称された抜群の容姿。馬場で踏む独特のステップもトウカイテイオーの魅力のひとつだった。

後に戻ってきてからは、それまで踏まなかった糞を踏むようになったり、やっぱりちょっと違う印象はありました。引退式に向かう馬運車に乗るとき、これが最後だってわかるのか、初めて泣くのを見ました。本当に頭のいい馬でしたね」

そして現在、改めて思うことがある。

「競馬史の、ひとつの章の表紙になっていいような偉大な馬だったと思うし、自分にとっても、馬を扱う人間としての誇りだとか、とにかく大きな財産をくれた馬でした」

日本列島の北部と、主に北海道の先住民族とされているアイヌの人々は、文字を持たなかったという。そのため代々伝わる先祖の話であるとか、自然現象に関する事柄などは、すべて口承で伝えられた。そうした伝承文芸のひとつに『ユーカラ』がある。

『ユーカラ』はアイヌ民族の間で語り継がれてきた叙事詩といっていい。内容は多岐にわたるのだが、多くは自分達を救う英雄譚だという。そうした伝説を指して『ユーカラ』と呼ぶ。

トウカイテイオーがデビュー前の育成時代を過ごし、骨折するたびに休養して英気を養った二風谷軽種馬育成センターがある二風谷地区は、実はそのユーカラのふるさととして伝わる地だ。

死んで10年が経つトウカイテイオーの名前は、2023年のセントライト記念を勝ったレーベンスティールのブルードメアサイヤーとして蘇った。ユーカラで語られる種族を救う英雄譚同様に、トウカイテイオーが紡ぐ英雄伝説は、どうやらまだ終わっていないようだ。

トウカイテイオーはどんな馬だった？

- **観察力がすごく、餌もいいものとそうでないものを見分けた**
- **とにかく注射が嫌い**
- **神経質であまり好かれないタイプの優等生**

ミホノブルボン

厳しい鍛錬で最強になったモンスター超特急

スプリングSと皐月賞の快勝で、距離不安を完全払拭して臨んだ日本ダービーで4馬身差の逃げ切り勝ち。無敗の二冠を達成した。

素顔を知る人

原口圭二さん

日高地方門別地区にある1950年頃創業の牧場の2代目。トウショウ牧場で働いていた縁でミホノブルボンの祖母ハイフレームを譲り受け、ミホノブルボン誕生に繋がった。現在はスマイルファームと改名して圭二さんの娘夫婦が営み、活躍馬を多数輩出する。

文／大恵陽子

アメリカ三冠馬や天馬と重ね合わせた風貌の良さ

「坂路の申し子」と呼ばれたミホノブルボン。父マグニテュードの産駒は短距離での活躍馬が多く、皐月賞や日本ダービーでは距離不安が囁かれたが、坂路4本乗りで体力をつけて乗り越えたといわれる。坂路は推進力を生むトモを強化することができる。それゆえ、ミホノブルボンは「鍛えて強くなった」とも言われるようになった。

ところが、生産者の原口圭二は生まれた頃からすでにこう感じていた。

「トモが他の馬の1・5倍くらいもあったんだ。母カツミエコーもおっきかったんだけど、初産で産道が狭くて、超難産。普通は馬の出産って前脚から出てきて、肩が出れば後はスルッと出てきて20〜25分で生まれるんだけど、お尻が引っかかって1時間くらい出てこなかったんだよ。親父と2人で引っ張って、やっとこさ産まれた仔馬は見たことないくらい幅があって、農耕馬みたいなトモをしていたよ」

それだけ大きなトモをしていれば、競走馬としての将来に期待が高まったのではないだろうか。

「いや。そんなもん、馬も人も息切れてぐったりバテちゃって、騒ぐこともなかったね。デカいなって思っただけ」

生産者ならではの冷静さだが、実際に牧場時代も目立つ存在ではなかった。

「走っているところをあんまり見たこと

調教師の戸山為夫は「鍛えて強い馬を作る」が信条。ミホノブルボンは、そのスパルタ調教についていき強くなった。

プロフィール

生年月日	1989年4月25日生まれ
性別	牡馬
毛色	栗毛
父	マグニテュード
母	カツミエコー（母父：シャレー）
調教師	戸山為夫→鶴留明雄→松元茂樹
馬主	ミホノインターナショナル
生産牧場	原口牧場（門別）
戦歴	8戦7勝
主な勝ち鞍	皐月賞、日本ダービー、朝日杯3歳S

レースの軌跡

1991年9月にデビュー。2連勝後に臨んだ朝日杯3歳Sを1番人気で快勝。翌年はスプリングSから始動し、無敗のまま皐月賞へと駒を進める。皐月賞を鮮やかな逃げ切りで勝利を収めると、続く日本ダービーも逃げ切り、無敗での二冠達成。秋は三冠を目指して京都新聞杯で始動。貫禄のレコード勝ちで勇躍菊花賞に出走するが、最後の直線でライスシャワーに差され、惜しくも2着に終わった。

がないんだ。母親はみんなにいじめられるタイプで、牛みたいに大人しかった。母親のそばにいて、ずっと草を食べている子供だったね。だけどね、いじめられて尻尾を巻いて逃げる感じじゃなくて、『来るな』と自分の世界に浸っていて、群れなかったんだ」

扱いやすい馬ほど印象に残らない。原口も「大人しい馬だったから、印象にないべさ」と言うが、かつて見たアメリカ三冠馬の姿と重ねるようになる。

「大学を卒業後にアメリカに行ったとき、セクレタリアトを見たんだけど、顔が可愛い美男子だったんだ。帰国して働いていたトウショウ牧場のトウショウボーイもそうだった。ブルボンも産まれたとき、同じように顔が可愛くてね」

走る馬の多くは顔がいい。その共通点を持ったミホノブルボンもまたスター街道を歩む。GⅠ初出走となった朝日杯3歳Sで、原口は初めてJRAの競馬場に行った。そして愛馬が勝利した。手も足も震えて、北海道に帰るまでボロボロ泣いた。クラシック初戦の皐月賞になると、大レースの雰囲気にも慣れた。日本ダービーではテレビの密着取材を受けながら、夢にまで見た優勝の瞬間はニコニコ笑顔でピースサインを作った。

さかのぼると、母カツミエコーには高額なミルジョージに代わり、同じミルリーフ系のマグニテュードを付けることになったが、その結果、誕生したのがミホノブルボンだった。

生まれた瞬間に感じたトモの大きさも、可愛い顔から抱いた期待も、すべては日本ダービー制覇へと繋がっていた。

ミホノブルボンはどんな馬だった？

- **産まれた段階でトモが普通の馬の1.5倍**
- **牧場ではいじめられても決して逃げなかった**
- **他の馬を寄せつけず群れを好まなかった**

サクラバクシンオー

レコードを連発した稀代の名スプリンター

連覇がかかった1994年のスプリンターズS。サクラバクシンオーは好位につけると、直線では完全に独壇場。当時の日本レコード（1分7秒1）で圧勝した。

素顔を知る人

小島太 元調教師

1947年4月11日生まれ。北海道出身。1966年に東京競馬場・高木良三厩舎所属の騎手としてデビューし、冠名「サクラ」の主戦として名を馳せる。1996年に騎手を引退後、1997年に厩舎を開業。2018年に勇退するまで、JRA通算476勝（GⅠ5勝、重賞24勝）を挙げた。

文／山河浩

最後の一戦を前に究極の馬体が完成

1990年にスプリンターズSがGⅠに昇格後、初めて同レースの連覇を達成したサクラバクシンオーといえば、フィジカルはマッチョ、メンタルは猪突猛進な〝体育会系〟を想像するが…。

「身体のシルエットは決して良くなかったですね。当時は冬毛も伸びていたし」

全21戦で手綱をとった小島太は、デビュー直前の〝ルックス〟はあまり芳しくなかったと振り返る。さらに「性格は前向きであっても夢中になり過ぎるわけではない。素直さは父譲りでしたね」と決して我が強いタイプではなかったとも。

その父とは1986年の天皇賞・秋を制したサクラユタカオー。そして母サクラハゴロモは、種牡馬としても成功するアンバーシャダイの全妹。そんなスペックの高さをパフォーマンスに転化するには、自らとの闘いに打ち克つ必要があった。

「ウッドチップがなかったら…。ラストランのときの完成された馬体はなかったでしょう」

栗東トレセンにやや遅れて、美浦にもバクシンオーのデビュー9カ月後となる1992年10月にウッドチップコースが完成。「体質が弱く化骨が遅かった。特に（左前）球節はウッドがなければもちませんでした」と、新コースがガラスの脚元の救世主になる。しかし、才能の開花にはそれに見合ったボディーの完成を待つ必要があった。

プロフィール

生年月日	1989年4月14日生まれ
性別	牡馬
毛色	鹿毛
父	サクラユタカオー
母	サクラハゴロモ（母父：ノーザンテースト）
調教師	境勝太郎
馬主	さくらコマース
生産牧場	社台ファーム（早来）
戦歴	21戦11勝
主な勝ち鞍	スプリンターズS（2回）、スワンS

レースの軌跡

1992年1月にデビュー。当初はクラシック路線を目指したが、トライアルで惨敗を喫して短距離路線にシフト。クリスタルCで重賞初制覇を飾る。スプリンターとしての素質を開花させたのは4歳以降で、スプリンターズSでGI初制覇。翌年はマイルGIにも挑戦し善戦止まりだったが、1400メートル以下では無敵で、スワンSとスプリンターズSでは当時のレコードを塗り替えて優勝した。

「調教師をはじめ、みんながじっと辛抱しましたし、ヤネの自分もレースでは先々を見越して育てていきました」

　中でも担当厩務員の吉村活彦の献身的な努力がなければ〝本格化〟はなかったかもしれない。

「血統馬らしく皮膚が薄く、馬が良くなる様子は手に取るようにわかりました。だからといって調子に乗って一気に身体を作っていたらダメだったでしょう」

　3歳から4歳春まではカイバ量を調節するなど、吉村の細心のケアであえてリミッターをかけていたという。そして「痛いところがなくなり、馬自身が本当に思い切ったフォームで走れる」ようになった4歳暮れのスプリンターズSで初のGIタイトルを奪取する。

「スピードでは負けない自負はありました。それでも止まるんじゃないかという不安も。何せ相手はマイルでもGIを勝つような強い馬でしたから」

　今度は自身がマイル戦も制圧すべく5歳時は安田記念、マイルCSに挑戦するがいずれも惜敗。

「マイルCSは〝我慢しなければ千六はこなせない〟と思い込んでいた自分の失敗。抑え込まないで早めに出していけば…。今ならば、そうするでしょう」

　そしてラストラン。連覇がかかる5歳時のスプリンターズSの馬体重は、デビュー以来最高の504キロになっていた。

「最後の最後に筋肉がついて身体に幅が出ました。これ以上は良くなりようがない。完璧に完成されていました。レースは自分でも上手く乗ったと思います。行く馬は行かせてマイペースで。最後のレースと決まっていましたし直線も思いっ切り走らせました」

　鞍上の右ステッキに応えて4馬身差の圧勝。本当の意味での全力疾走は全21戦でこの1戦だけだったのかもしれない。

「時計だけなら今のスプリンターの方が速く走れるかもしれません。それでも種牡馬として、母の父として活躍馬を出したように今のスピード競馬の礎を築いたのはこの馬。これぞサラブレッドです」

　その快速の面影は多くの子孫へと受け継がれていく。

サクラバクシンオーはどんな馬だった？

- **デビュー前のルックスは良くなかった**
- **前向きでも夢中になり過ぎない**
- **父サクラユタカオー譲りの素直さがあった**

名馬 No.6

ビワハヤヒデ

群雄割拠の時代で抜群の安定感と強さを誇った

皐月賞と日本ダービーはいずれも2着と、春のクラシックは惜敗続きだったビワハヤヒデだが、三冠目の菊花賞を5馬身差で圧勝。春のうっ憤を見事に晴らした。

写真／JRA

素顔を知る人

岸滋彦 元騎手

1969年12月4日生まれ。1988年に栗東・梅田康夫厩舎所属で騎手デビュー。2年目にエリザベス女王杯でGI初制覇。翌年のオークスも制し、1991年、1992年にはマイルCS連覇を達成した。2003年に騎手を引退。現在は栗東・笹田和秀厩舎の持ち乗り調教助手を務める。

文／大薮喬介

事前の話と真逆だった第一印象は〝普通〟

1994年、古馬となったビワハヤヒデは圧倒的強さを誇っていた。年明け初戦の京都記念は後続に1秒1差をつけて楽勝。続く天皇賞・春では危なげなく2番手から抜け出して完勝し、宝塚記念では2着に0秒8差をつけてレコード勝ちと、まさに無双状態だった。

改めてその戦績を振り返ると、16戦10勝。特筆すべきは3着以下となったのは最後のレースの天皇賞・秋だけで、それまで15戦連続で連対していた安定感だろう。ただ古馬になってから圧倒的強さを誇ったビワハヤヒデだが、その安定感ゆえに〝シルバーコレクター〟と揶揄される時期もあった。それが2歳の年末から3歳春までの期間である。朝日杯3歳Sでハナ差の2着。続く共同通信杯4歳Sでまたもや惜敗し、皐月賞指定オープンの若葉Sこそ勝ったが、皐月賞ではナリタタイシンに、日本ダービーではウイニングチケットに敗れ、BNWと称された三強の中でも、勝ち切れない馬という印象は拭えなかった。

その不遇の時代に、共同通信杯4歳Sまで主戦を務めたのが、当時騎手になって5年目の岸滋彦である。岸はデビュー2年目にGI初制覇を飾ると、その後も毎年GIを勝利するなど、若手の有望株として注目されていた。その岸の眼に当時のビワハヤヒデはどのように映っていたのだろうか。

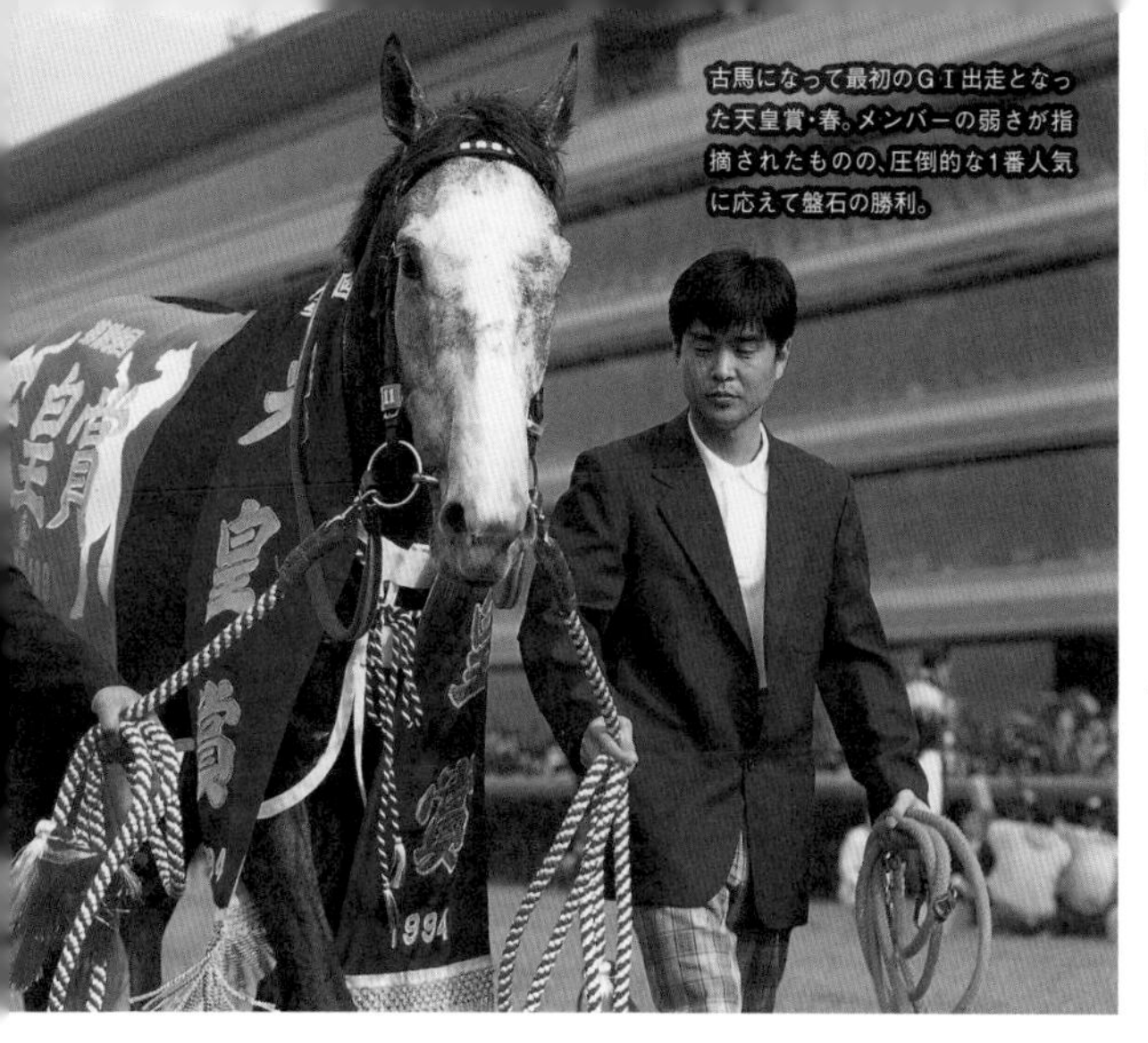
古馬になって最初のＧⅠ出走となった天皇賞・春。メンバーの弱さが指摘されたものの、圧倒的な1番人気に応えて盤石の勝利。

プロフィール

生年月日	1990年3月10日生まれ
性別	牡馬
毛色	芦毛
父	シャルード
母	パシフィカス（母父：ノーザンダンサー）
調教師	浜田光正
馬主	ビワ
生産牧場	早田牧場（福島県・桑折）
戦歴	16戦10勝
主な勝ち鞍	菊花賞、天皇賞・春、宝塚記念

レースの軌跡

1992年9月にデビュー。3連勝で重賞制覇後、初の関東遠征となった朝日杯3歳Ｓで2着に惜敗。翌年はクラシック戦線の主役の1頭として活躍。皐月賞、日本ダービーはそれぞれ2着に惜敗したが、三冠目の菊花賞を快勝し、ＧⅠ初制覇を飾る。古馬になると天皇賞・春と宝塚記念を圧倒的な強さで連勝。秋のＧⅠ戦線での活躍も期待されたが、天皇賞・秋で5着に敗れた後に屈腱炎が判明し、引退した。

「騎乗依頼をいただいたとき、厩舎に呼ばれたんです。そこで浜田先生が血統書を見せてくれたんですね。そういったことはあまりないので、期待されているんだなと思いました。スタートに難があるので、ゲートを出して速いところをやってほしいと頼まれたんですが、担当厩務員さんからはうるさいから注意してくれと。特に牝馬が近くにいると、馬っ気を出して立ち上がったりしていたらしいです。だけど、実際にゲート練習のときに初めて跨ったら、まったくそんなことはなくて。すごく大人しいし、ゲートも出てくれました。ただ、その後の15－15（調教のペースで1ハロンを15秒平均のスピードで走らせること）はまったく動かなかったですね。いろいろ聞いていたのと違い、乗り味はいいけど、普通だなと思ったのが第一印象です（笑）」

そのような現場でのやり取りがありながら、いよいよデビュー戦を迎えたのだが、たまたま同じ枠（3枠）に牝馬が入ってしまったのだ。

「厩務員さんからも気をつけてなと言われて（笑）。だけど、実際は何もしなかったし、ゲート練習のときと同じで大人しかったですね。スタートも出て、4コーナーを回るときには勝てると思いました」

結果は大差勝ち。直線半ばで仕掛けられると後続を離す一方だった。

「最後の1ハロンだけで大差ですからね。瞬発力があるなと思いました」

ビワハヤヒデといえば、早め先頭で押し切るイメージなだけに、瞬発力があるというのは意外な印象だが。

「クラシックのときとは相手が違いますから。同期のウイニングチケット、ナリタタイシンは切れ味がすごかったですよね。確かに一線級の馬たちと比べると、ビワハヤヒデは何かひとつ大きな武器がある馬ではなかったと思います。ただ、僕が乗っているときもそうでしたが、行けと言えば行くし、控えろと言えば従うし、すごく乗りやすい馬でした。攻め馬は動かなかったけど、レースでは大丈夫だったように、オンとオフの切り替えも

新馬から重賞を含む3連勝で臨んだ朝日杯3歳S。岸鞍上のビワハヤヒデは、直線で南井鞍上のエルウェーウィンとの叩き合いの末、ハナ差で敗れた。

できる。パドックや返し馬、レース後の写真撮影でも、いつも大人しかったんですよ。ボーっとしているわけではないんですけど、のんびりしてましたね。これは厩務員さんの影響もあったと思います。2人担当していますが、どちらも優しい方でしたから。なので、クセなどの特徴的なエピソードがないんですよ(笑)。普通と言ったら、(浜田)先生に怒られるかもしれないけど、俗に言う優等生で、悪いところがなかったです」

惜敗続きが秋に大変身 元相棒が思う要因とは

デビューから3連勝、しかもいずれも余裕のある勝ち方だったことから、岸も「自信があった」と言う朝日杯3歳S。しかし、結果はハナ差負けに終わった。勝ったのは岸もよく知るエルウェーウィンだった。

「エルウェーウィンは、それまでの2戦とも自分が乗っていたのでよくわかっていました。前の馬を絶対に交わす馬なんですよ。ただ、交わすとソラを使うんです。楽勝するなと思ったら接戦になるので、朝日杯のときはなるべく引き離して競馬をしようと思っていました」

レース後、メディアからは岸の早仕掛けが敗因ではないかという声も聞かれた。しかし、勝ち急いだわけではなく、ビワハヤヒデとエルウェーウィンの特性を考慮した岸の作戦だった。

「相手はエルウェーウィン1頭だと思っていましたから。誤算だったのは、ぴったりマークされていたことです。4コーナーで引き離したかなと思ったら、すぐ後ろにいて…。馬体が合って、それでも勝ってくれると思ったんですが、ハナ差出られてしまいました」

当時、初の関東遠征、初の中山などの敗因もいろいろ取り沙汰されたが、岸はいずれも否定する。

「輸送の影響はなかったと思います。当日はいつも通りでしたし、大トビのわりに器用なタイプだったので、コースも問

2回目の東上となった共同通信杯では、直線でマイネルリマークを捕らえられず2戦連続の悔しい2着。この後ビワハヤヒデの鞍上は岸から岡部へとスイッチされた。

題ありませんでした。レースが終わった後も、普段と同じでしたから」

このレースは、敗因を求めるより、道中でビワハヤヒデのスピードについていき、直線できっちり併せたエルウェーウィンと鞍上の南井克巳を褒めるべきだろう。だがこの次戦、2回目の東上となった共同通信杯4歳Sでマイネルリマークを捕らえられず、またもや2着に敗れてしまう。そしてこれが岸とビワハヤヒデの最後のレースになった。

「あれは僕のミスです。直線で馬群を割ろうとしたら挟まれて、引っ張るロスがありましたから。脚を余す形になってしまった…。変に小細工せずに外を回っていたら違っていたと思います」

その後、ビワハヤヒデは、引退するまで関東の岡部幸雄とコンビを組むことになる。しかし春のクラシックは連続2着。勝負どころでの反応が遅れるということもあり、岡部の進言でメンコを外して秋を迎え、クラシック最後の一冠・菊花賞をレコードで圧勝した。

「夏に休養せず、トレセンで鍛えたのもあるし、メンコを外した効果もあったのかもしれませんね。僕のときは気が悪かったこともあって最初からメンコをつけていましたから、そこのところはハッキリとはわからないです。ただ、外して強い競馬をするようになったのも事実で。そこが僕と岡部さんの違いなのかな」

勝負の世界に〝たら、れば〟はご法度だが、岸が乗る最初からメンコをつけていなかったら…。〝ヤンチャもん〟のビワハヤヒデは、また違った強さと印象を我々に残していたのかもしれない。

ビワハヤヒデはどんな馬だった？

- **入厩当初は馬っ気を出すヤンチャもん**
- **厩務員の優しさで優等生に変身**
- **最初はメンコの影響（？）で大人しかった**

ナリタブライアン

クラシック三冠で圧勝を続けたシャドーロールの怪物

ステップレースを2戦共に圧勝し、圧倒的な1番人気で臨んだ皐月賞。直線半ばで他馬を突き放すと、当時のコースレコードを大幅に更新する驚愕のタイムで圧勝した。

文／大恵陽子

素顔を知る人

村田光雄 調教助手

1969年1月26日生まれ。北海道出身。メジロ牧場での勤務を経て、JRA・栗東トレーニングセンターの大久保正陽厩舎で調教厩務員となり、ナリタブライアンやイイデザオウなどの担当を務める。2006年に同厩舎が解散した後は、調教助手として北出成人厩舎に移籍し、現在に至る。

負けられない！ 次元が違い過ぎる!!

〝シャドーロールの怪物〟と呼ばれたナリタブライアン。そのシャドーロールは、三冠レースの前後で代替わりしていたそうだ。

「ひとつの区切りで、新調しようと思ったんです。頭絡（馬の頭部に装着し、馬の動きを制御する馬具）も黒色からちょっとオレンジ色っぽい革に変えました」

当時まだ20代だった担当の村田光雄はそう話す。

村田から「ブー」と呼ばれていたというナリタブライアン。何とも可愛らしい愛称だが、同馬がシャドーロールを着けるようになったのは、瞬時に反応し過ぎてしまうその性格からだった。

「枯れ葉がサッと動いたり、スズメが飛んだりしただけで反応しちゃう馬でした。走っているときは前脚がスパッとキレイに伸びて、自分の脚や爪先を見てしまうような面があったので、大久保正陽調教師の長男・雅稔調教助手が『一度シャドーロールをつけてみたら？』とアドバイスをくださったんです。ただ当時、大レースではつけている馬をあまり見た記憶はありませんでした」

そのシャドーロールをつけると、レースぶりは一変する。京都3歳Sを完勝すると、続く朝日杯3歳SでGI制覇を果たした。

「この馬ではもう負けられないなって思いました。次元が違いすぎる、と」

日本ダービーは17番枠からの発走。直線では大外から早々に先頭に立ち、馬場のやや外めを通って完勝。鞍上の南井克巳は、41歳にして初のダービー制覇を飾った。

プロフィール

生年月日	1991年5月3日生まれ
性別	牡馬
毛色	黒鹿毛
父	ブライアンズタイム
母	パシフィカス（母父：ノーザンダンサー）
調教師	大久保正陽
馬主	山路秀則
生産牧場	早田牧場新冠支場（新冠）
戦歴	21戦12勝
主な勝ち鞍	皐月賞、日本ダービー、菊花賞、有馬記念、朝日杯3歳S

レースの軌跡

1993年8月にデビュー。2戦目で初勝利を挙げた後、距離が延びて頭角を現し、朝日杯3歳Sを快勝。翌年は皐月賞、日本ダービー、菊花賞をすべて圧勝と衝撃の走りを見せつけ、平成初の三冠馬となる。その後、有馬記念も制し、年度代表馬に選出される。翌年以降は故障にも悩まされ、満足のいく活躍はできなかったが、阪神大賞典でのマヤノトップガンとのマッチレースは、伝説のレースとして今も語り継がれている。

その強さから、一気に三冠馬誕生か、とムードが高まった。そうなると、まだ若かった村田にもかなりのプレッシャーがかかった。ちょっとした傷ができると「腫れてしまったらどうしよう」といつも以上に気になってしまい、ピリピリしながら過ごした。ブライアンもまた、強さとは対照的に敏感な馬だった。

「腸が少し弱くて、下痢になりやすい馬でした。ピリピリした面もあったので精神的なものかもしれませんが、ビオフェルミン（整腸剤）をあげたりしていました」

それでも、ブライアンはレースに行けばいつも一生懸命走る頑張り屋だった。皐月賞は最内枠からいい位置を取り、直線で外に出されるとグイッと伸びて勝った。続く日本ダービー。ゲートまでついていっていた村田は、外ラチ沿いでこのレースを見ていた。

「どの馬が先頭かわからず見ていたら、外から見覚えのあるシャドーロールが上がっていって『来た来た！　大丈夫や』と思いました。でも、後からレース映像を見たらすごく外を回っていて、1頭だけ違うところを走っていましたね」

大外を回しても大丈夫なほどの抜きん出た強さ。鞍上の南井克巳も自信があったのだろう。地響きのような歓声を全身で浴びながら、村田はこう感じていた。

「この馬にみんな賭けてくれていたんだ。そんなすごい馬を、僕が担当しているの!?」

春二冠を圧勝してきたナリタブライアン。菊花賞前の京都新聞杯では久々に苦杯をなめたものの、本番ではまたもや圧倒的な強さを見せつけ、見事に三冠制覇を達成した。

写真／JRA

どんな距離でも走れる馬を作りたかった

夏は避暑を兼ねて北海道で在厩調整を行った。

「この年の札幌はすごく暑くて、調整があまり上手くいきませんでした。当時は札幌開催の後に函館開催があって、函館競馬場に移動してから徐々にいい動きが戻ってきました」

それでも札幌での暑さが尾を引き、秋初戦の京都新聞杯でスターマンの2着に敗れてしまう。しかし、これがブライアンの強さを再認識した一戦でもあった。

「強い追い切りを1本しかできていない状況でこの着順です。悔しかったですけど、やっぱり走るなと思いました。レース後はうなぎ登りにどんどん状態が良くなっていって、これなら間違いないと確信できるくらいでした。ぶっつけ本番よりも前哨戦を叩いてからの方がいい、という考えが大久保調教師にあったんでしょうね」

この頃、村田が参加していた栗東トレセン野球部で「菊花賞は何馬身離して勝つかな」と喋っていたという。それぐらい自信満々で臨んだ菊花賞だった。

そしてその自信は現実のものとなる。皐月賞で3馬身半、日本ダービーで5馬身つけた同世代との着差をさらに広げ、菊花賞では7馬身もの差をつけて勝ったのだ。史上5頭目の三冠馬誕生は、レコード(当時)のおまけつきでもあった。

こうして歴史的名馬の仲間入りを果たしたブライアンだが、頑張ったときにどんなご褒美をあげていたのだろうか。村田はこう笑う。

「ニンジンが増えるくらいかな」

ブライアンのニンジン好きはファンの間でも有名だったのか、あるいは馬はニンジンが好物というイメージからか、あるとき、ファンがニンジンのレイを作ってきてくれたそうだ。

「ブーにそのレイをかけてあげました。おどおどしていましたけどね(笑)」

刻まれたニンジンを食べたことはあっ

三冠制覇の同年には暮れの有馬記念にも出走し、圧倒的人気に応えて勝利した。2着にヒシアマゾン、3着にライスシャワーとメンバーも揃っていたが、他馬にまったく付け入る隙を与えない完勝だった。

ても、それが原形のまま何本も連なっている様はブライアンにとって未知の物体だったろう。

古馬になってからのブライアンは股関節炎など病との闘いの連続だったが、最後の最後に三冠馬の意地を見せた。それはGI昇格初年度の高松宮杯（現・高松宮記念）。3000メートルの菊花賞を勝った馬を距離が半分以下の1200メートル戦に出走させることに当時は批判の声もあったが、調教師にはあるポリシーがあった。

「後から聞いた話では、大久保調教師は1200メートルから3200メートルまで走れる馬を作りたかったそうです。騎乗した武豊騎手は『高松宮杯の前に一度この距離を使っていたら、勝てていました』とレース後に話していて、僕もそう思います。レース後のブーは『もう終わりなの？』という感じで息が全然乱れず、ケロッとして帰ってきましたから」

高松宮杯の最後の直線で、ブライアンは白いシャドーロールを揺らして追い込んできた。勝ち馬には約5馬身届かなかったが、4着。短距離GIでもその存在感を示した。

いつだったか、大久保と村田の間でこんな会話が交わされた。

「シャドーロールがトレードマークになっちゃったから、もう外せへんなぁ」

「そうですねぇ」

すでにシャドーロールによる矯正は不要と思われていたが、ブライアンの一部となり、最後まで彼の競走馬生活を彩っていた。ブライアンはこの高松宮杯を最後に、屈腱炎のため現役を引退した。

ナリタブライアンはどんな馬だった？

- **何でも瞬時に反応してしまう性格**
- **腸が弱くて下痢になりやすい**
- **いつも一生懸命に走る頑張り屋**

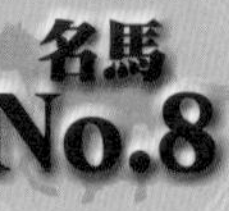

マヤノトップガン

変幻自在の戦法で大活躍した遅咲きの〝衝撃波〟

文／大恵陽子

トライアル連続2着で臨んだ菊花賞。マヤノトップガンは坂の下りからすばらしい手ごたえで直線先頭に立つと、そのまま押し切った。

素顔を知る人

大村真哉 調教助手

1964年10月27日生まれ。熊本県出身。美浦所属馬が関西圏でのレースのために栗東滞在した際は調教を任されることもあり、ヒシアマゾンやホクトベガの調教にも携わった。現在は河内洋厩舎に所属する。

〝変幻自在〟の源はマイペースな性格にあり!?

マヤノトップガンは引退後、優駿スタリオンステーションで長い時間を過ごした。すでに功労馬となったある日、放牧展示中の同馬は、見学者に目もくれずただひたすら草を食んだりボーっとしていた。これほど人間に興味を示さない馬も珍しい。現役時代、同馬の調教を担当した大村真哉はその性格をこう話す。

「マイペースでした。調教中も止まりたかったらジーっとしているんですよ。こちらは動くまでただひたすら待つしかありませんでした。その後に控えている馬の調教時間が気にはなりましたけどね。担当厩務員さんがマイペースだったのもよかったんじゃないかなと思います」

トップガンのゴーイングマイウェイな行動には理由もあった。

「当時、坂路を2本上っていたんです。1本目は軽めに乗って、2本目に速い追い切りをかけることを馬もわかっていたので、インターバルを取って2本目に向かうときは動いては止まって、を繰り返していました」

しんどいトレーニングとなれば、足取りが重たくなるのは我々と同じだ。しかし、レースでは打って変わって変幻自在さを発揮した。菊花賞は逃げ切り勝ち、かと思えば天皇賞・春は後方から豪快に差し切った。このうち、有馬記念について大村はこんな裏話を語った。

菊花賞でＧⅠ初制覇を飾ると、暮れの有馬記念にも出走。ここではスタートから先手を奪うと、悠々の逃げ切り勝ち。馬の能力はもとより、鞍上・田原の好判断も光った。

プロフィール

生年月日	1992年3月24日生まれ
性別	牡馬
毛色	栗毛
父	ブライアンズタイム
母	アルプミープリーズ（母父：ブラッシンググルーム）
調教師	坂口正大
馬主	田所祐
生産牧場	川上悦夫牧場（新冠）
戦歴	21戦8勝
主な勝ち鞍	菊花賞、有馬記念、宝塚記念、天皇賞・春

レースの軌跡

1995年1月にデビュー。4戦目にダートで初勝利。2勝目もダートで挙げたが、これ以後は芝に路線を変え、夏を越して神戸新聞杯と京都新聞杯を連続2着して菊花賞に挑み、ＧⅠ初制覇を飾る。続く有馬記念では6番人気の低評価ながら逃げ切り勝ち。翌年はＧⅠ勝利こそ宝塚記念のみだったが、印象に残るレースを繰り広げる。最後のレースとなった1997年の天皇賞・春では、あっと驚く追い込み策で快勝した。

「装鞍所で（田原）成貴がヒシアマゾンの中舘英二騎手に『影も踏まさない』って言ったんです。トップガンがどういう競馬をするのか、みんな騒いでいました。だって、成貴は前に行くと言っているけど、彼の口ぶりだけではわからないじゃないですか」

田原騎手もまた変幻自在な騎乗ぶりで、独特の感性を持っていた。心理作戦で裏を突くのか、あるいはその言葉通りとなるのか。

そのとき、大村はヒシアマゾンの乗り味を思い出していた。実は同馬が栗東滞在中に、所属する坂口正大調教師と中野隆良調教師の関係性から調教に乗ったことがあったのだ。

「ヒシアマゾンはゴムマリのようで、脚が着地しているのかどうかわからないくらいでした。鳥肌が立ちましたね」

一方で、マヤノトップガンもＧⅠ馬でその実力は折り紙付き。しかも「馬場では前に馬がいると、競り合うようにしてムキになって抜かそうとしていた」という勝負根性を持ち合わせていた。

結果、レースは田原騎手の宣言通り逃げて、最後は後続に影をも踏ませぬ2馬身差をつけて勝利を収めた。

「言っていた通りになった、と思いました。あとは調教助手の立場としては無事に帰ってきてほしいと願うだけでした。成貴は手を振りながらゆっくり帰ってきていたけど、馬が大丈夫かを早く確認したくて『早く戻ってこーい』と思っていました（笑）」

馬も騎手も、実にマイペースなコンビだった。

マヤノトップガンはどんな馬だった？

- **調教中はマイペース。止まったら促しても動かない**
- **前に馬がいるとムキになって抜かそうとした**

エアグルーヴにぴったりの舞台こそが東京芝2000メートル。1997年の天皇賞・秋では、前年優勝馬のバブルガムフェローをクビ差競り負かし、見事に優勝した。

名馬 No.9

強豪牡馬とも互角に渡り合った女帝

エアグルーヴ

文／不破由妃子

素顔を知る人

笹田和秀 調教師

1956年9月29日生まれ。広島県出身。大学卒業後、島崎宏厩舎に厩務員として入り、1983年に伊藤雄二厩舎に移籍。エアグルーヴ、ウイニングチケット、ファインモーションといったＧⅠ馬の調教を担当する。2008年に調教師免許を取得し、2009年に厩舎を開業した。

オークスまで剥離骨折を抱えたまま走っていた!?

「ギャルちゃん」。エアグルーヴを唯一、そう呼んでいたホースマンがいる。当時、伊藤雄二厩舎に調教助手として在籍し、日々その背に跨っていた笹田和秀だ。

「オーナーの長男さんが、当時流行っていた音楽に発想を得てエアグルーヴと名付けたんですよ。その頃、そういう音楽とか流行に敏感な若い女性を〝ギャル〟って呼んでいたじゃないですか。それで、僕が〝ギャルちゃん〟というあだ名をつけた。僕だけの彼女の呼び名でした」

歴戦の男馬たちと互角に渡り合い、女傑と言うに相応しい戦績を残したエアグルーヴ。どこからでも立ち回れるレースセンス、確実性の高い末脚、並んだら抜かせない負けん気の強さといった才能に加え、曲線美が際立つ馬体に、いつも丁寧に編み込まれた鬣(たてがみ)などなど、才色兼備の代表格でもあった。

笹田いわく、その性格もまた「競走馬として理想的だった」という。

「人に対して従順で、大人しい子でした。人間を信頼していたし、何より人間が好きだったんじゃないかな。『ギャルちゃん』と声をかけながら馬房に行くと、顔をベロベロ舐めてくれてね。人間の手を舐める子はいるけど、顔を舐めてくる子はギャルちゃんくらいだった。繁殖としていい仔をたくさん出したのも、彼女のそういう本質的なものが伝わったんじゃないかなと思いますよ。ただ普段は本当に手の

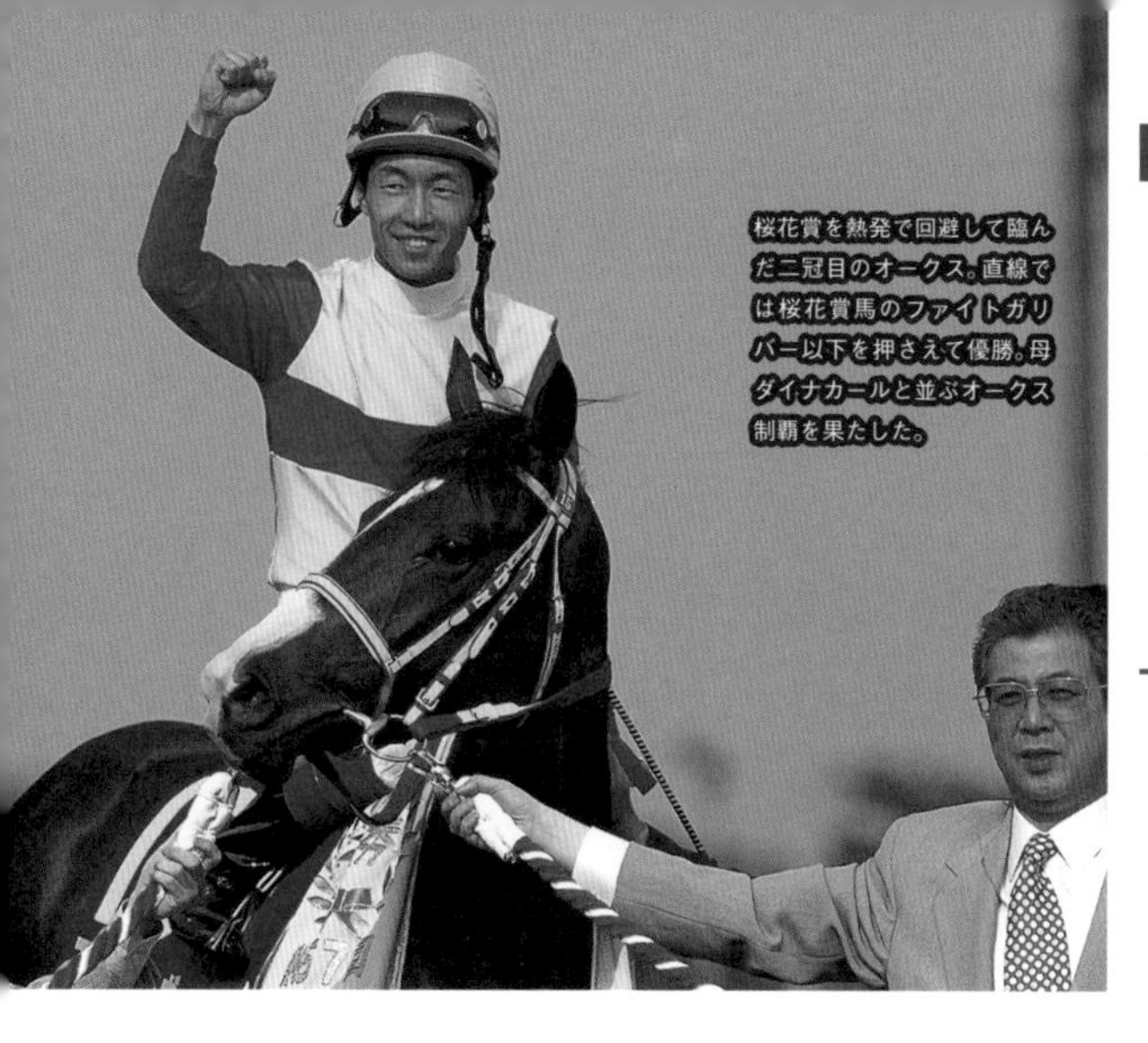

桜花賞を熱発で回避して臨んだ二冠目のオークス。直線では桜花賞馬のファイトガリバー以下を押さえて優勝。母ダイナカールと並ぶオークス制覇を果たした。

プロフィール

生年月日	1993年4月6日生まれ
性別	牝馬
毛色	鹿毛
父	トニービン
母	ダイナカール（母父：ノーザンテースト）
調教師	伊藤雄二
馬主	ラッキーフィールド
生産牧場	社台ファーム（早来）
戦歴	19戦9勝
主な勝ち鞍	オークス、天皇賞・秋、札幌記念（2回）

レースの軌跡

1995年7月にデビュー。2戦目に初勝利を挙げ、暮れの阪神3歳牝馬Sは2着惜敗。翌年の牝馬クラシック戦線は、チューリップ賞快勝後に熱発で桜花賞を回避したものの、オークスでは1番人気の支持を集め快勝した。古馬になり、重賞を連勝して臨んだ天皇賞・秋でバブルガムフェローとの叩き合いを制して優勝。その後、GⅠ勝利こそなかったが、歴戦の牡馬を相手に互角にわたり合い、ターフを大いに盛り上げた。

かからない子でしたが、調教はすごく気を遣いましたね。最初はちょっとね、脚元が弱かったから」

なんとエアグルーヴ、デビュー前からオークスまで、米粒大の骨が剥がれている状態、いわゆる剥離骨折を抱えたまま走っていたというから驚きだ。

「馬が痛がっていない、腫れていない、熱を持っていないことが前提ですが、獣医さんとも相談して、今すぐ手術が必要なわけではないから、しばらくはこのままやっていこうとなったんです」

だが、夏の休養中に剥がれていた骨が自然とくっつき、今度はその部分が骨膜となって大きくなり、痛みが生じるように。笹田は秋華賞(10着)の敗因のひとつに「その痛みで精神状態が不安定になった」ことを挙げる。

「秋華賞のレース中に骨片が飛んで、それを取り除く手術が必要になったんです。手術後は、麻酔が切れるまで回復室で寝かせておくのですが、普通は目を覚ますまでに30分から1時間かかるところ、ギャルちゃんはたったの2分でボーン！と立ち上がって、ジャンプをし始めた。まるで『早く立たなくちゃ！』みたいな感じでね。その姿を見て『ああ、普段は優しいけど、やっぱりこの強さがあるからこそ、競馬であれだけのパフォーマンスができるんだな』と思いましたね。彼女の真の強さに触れた気がして、今でもあのときの姿が一番印象に残っています」

母としてアドマイヤグルーヴを送り出し、そしてドゥラメンテが生まれた。強くて優しい名牝の血は、これからも脈々と受け継がれていくに違いない。

エアグルーヴはどんな馬だった？

- 愛称は「ギャルちゃん」
- 人が大好きで人の顔をベロベロ舐める
- 普段は優しいが芯が強い

欧州GⅠも制した日本競馬史上最強マイラー

タイキシャトル

文／和田稔夫

雨中での決戦となった1998年の安田記念。タイキシャトルはぐちゃぐちゃの不良馬場をものともせず快勝。どんな状況下でも力を出せることを証明し、世界への扉が大きく開いた。

素顔を知る人

藤沢和雄 元調教師

1951年9月22日生まれ。北海道出身。1987年に調教師免許を取得し、1988年に厩舎を開業。JRA通算1570勝は歴代2位。GⅠ34勝で重賞は126勝。タイキシャトルで悲願の欧州GⅠ制覇を飾る。2022年2月末に調教師を勇退。同年6月にはJRAの顕彰者となり殿堂入りを果たす。

国内に敵なし！ いざ海外へ!!

アメリカ生まれのタイキシャトルは、1990年代の後半に1600メートル以下の短距離路線で輝かしい実績を残し、その名を歴史に刻んだ。安田記念やマイルCSの連覇、さらに欧州GⅠのジャック・ル・マロワ賞を制するなど、日仏でGⅠを5勝。1998年度のJRA賞では短距離を主戦場にした馬としては初めて（外国産馬としても初めて）の年度代表馬に輝き、今でも〝史上最強マイラー〟との声が上がる。

「なかなかいないよ、タイキシャトルのような馬は…」

そう語るのは現役時代に管理していた藤沢和雄だ。

通算13戦11勝2着1回3着1回。1年8カ月の競走生活で取りこぼしは2回しかなく、いかに能力が高かったかを物語る。

デビューしたのは3歳（当時の表記は4歳）の4月。脚元や蹄のアクシデントなどもあり、入厩の時期が当初の予定から遅れた。入厩後はゲート試験を立て続けに不合格となり、さらにデビューが遅れた経緯もある。

「ものすごく周囲に気を遣うところがありましたね。よく耳を使ったり、慎重に周りを見ていました。ゲート試験のときも扉が開くのを慎重に見ていたんだと思います」

そんな中で迎えたデビュー戦。ソエ（若

当時は外国産馬というと出走できるレースも限られていた。タイキシャトルはスピードを武器に短距離戦線で活躍したが、中距離戦線でも通用したと見る向きも多い。

プロフィール

生年月日	1994年3月23日生まれ
性別	牡馬
毛色	栗毛
父	デヴィルズバッグ
母	ウェルシュマフィン（母父：カーリアン）
調教師	藤沢和雄
馬主	大樹ファーム
生産牧場	Taiki Farm（米国）
戦歴	13戦11勝（海外1戦1勝）
主な勝ち鞍	マイルCS（2回）、スプリンターズS、安田記念、ジャック・ル・マロワ賞

レースの軌跡

1997年4月にダート戦でデビュー。3歳春までは芝・ダート兼用で使われたが、秋以降は芝の短距離～マイル戦を使われ、スワンSを皮切りに重賞(GＩ含む)7連勝を達成。国内戦ではそのどれもが完勝と無敵の強さを誇り、フランスのジャック・ル・マロワ賞こそ2着馬に半馬身差まで詰め寄られたが、圧倒的な1番人気に応えて勝利。帰国後はマイルCSを連覇し、続くスプリンターズS(3着)で引退した。

馬に特有の管骨骨膜炎)が出るなど脚元も固まっていなかったため、藤沢は東京のダート1600メートルを選択した。このレースを4馬身差で楽勝し、続く2戦目の条件戦(京都のダート1200メートル)も連勝。3戦目の菖蒲Sで初めて芝(1600メートル)のレースに出走させ、無傷の3連勝を飾った。4戦目の菩提樹S(クビ差2着)では伏兵のテンザンストームに逃げ切りを許したが、次のユニコーンS(ダート1600メートル)で重賞初制覇。秋には始動戦のスワンSを勝ち、マイルCS→スプリンターズSとGIを連勝。堂々の4連勝を決め、1997年度の最優秀短距離馬に選出された。

翌1998年。この年がタイキシャトルのハイライトになる。春に京王杯SC→安田記念を連勝。「もう、日本に敵はなし」と実況され、海外遠征の構想が現実味を帯びた。

「(海外では)その前にタイキブリザードのアメリカ遠征(BCクラシック＝1996年14着、1997年6着)で散々な結果になっていた。ヨーロッパの馬たちも強いし、よく雨が降る時期だし、それが嫌だと思っていたんです。でも、あの安田記念は極悪の不良馬場になった。向こう(フランス)の馬場よりも重たかったんじゃないかと思う。そんな状況で本当に強烈な勝ち方だったし、これなら行くしかないと…。結局、この年のフランス

マイルで圧倒的な強さを見せつけるタイキシャトルだが、その絶対的なスピードでスプリント戦も制圧。1997年のスプリンターズSでは危なげなく勝利してＧⅠ連勝を飾った。

は猛暑続きで晴れたんですけどね」

陣営がターゲットにしたのは8月のジャック・ル・マロワ賞（芝1600メートル）だ。その1週前には同じく日本調教馬のシーキングザパールが現地のＧⅠ（モーリス・ド・ゲスト賞）を勝ち、国内外からタイキシャトルの勝利を期待する声が一段と大きくなっていた。

「当時、（シーキングザパールの）森秀行調教師から『うちの馬が勝ったんだし、タイキシャトルなら楽勝ですよ』なんてことを言われて…。余計なプレッシャーをかけられたことを覚えています（笑）」

ドーヴィルでの大暴れは挨拶のようなもの？

レースの当日、タイキシャトルは普段以上に気持ちが入っていたという。

「パドックに行く前に蹄鉄を打ち替えようとしたら大暴れしてね。壁をバコンと蹴った衝撃で蹄鉄が曲がってしまったんだ。それを打ち直しているうちに他の馬たちが先に行ってしまった。そしたらシャトルが余計に怒り出してね。装蹄師さんは蹴られて骨折しちゃうし、主催者側からも出走取消を提案されたり…。結局、パドックに入ってからも大騒ぎしたんだけど、こちらとしては〝勝負あり〟と思いました。あれは威嚇というより、彼にしてみれば挨拶のようなものだったんじゃないかな。それぐらいの余裕がありました」

舞台はドーヴィル競馬場の直線コース。慎重な性格からか、シャトルは抜群のスタートを決めると途中までスタンドの方を見ながら走っていた。鞍上の岡部幸雄は早く先頭に立って遊ぶ（気を抜く）ことがないよう、タイミングを計りながらＧＯサイン。ゴール前の追い比べでグイッと抜け出し、海外の強豪たちを1／2馬身差で退けた。

「あんなに追い出しを我慢できる馬はいない。先に抜け出すと遊びたがる面があるし、岡部さんもギリギリまで追わないようにしていた。すごく強い競馬だった

スワンSを勝ち、初めて挑んだGⅠ・マイルCSを完勝。最強マイラーとしての一歩を踏み出したレースだが、このときは2番人気でまだ全幅の信頼は置かれてはいない。

と思います」

このときの2着馬アマングメンを管理していたのは、イギリスのマイケル・スタウト調教師。藤沢とは旧知の間柄だ。1996年と1997年のジャパンCでは同調教師の管理馬（シングスピール、ピルサドスキー）が連覇を飾り、いずれも藤沢厩舎のバブルガムフェローは敗れた（13着、3着）。「カズ、俺は日本が大好きだ」と皮肉の言葉をかけられたという。

「いつかは見返したいとの思いを強くした。彼の国ではなかったけど、私にとっても誇れる1勝です」

帰国後の秋にはマイルCSを連覇し、国内外の重賞8連勝を飾った。ラストランのスプリンターズSはアタマ＋クビ差の3着に敗れたが、藤沢の提案で当日に引退式を実施（別日の引退式は輸送など馬の負担にもなるため）。これを機に現在の引退式もレースの当日に行われることが主流になった。

タイキシャトルは数々の名馬を手掛けた藤沢にとっても忘れられない存在。どんな馬だったのか…。最後に聞いた。

「昔、アイルランドのエイダン・オブライエン（調教師）がジャイアンツコーズウェイのことを〝マシン〟と呼んでいた。コントロールが利き、機械のように加速できる馬ということを表現したのでしょう。そういう意味ではシャトルも〝マシン〟のようでした。なかなかいないよ、あのような馬は…」

ダートも含め、マイル戦では無敵の7戦7勝。文字通り、尾花栗毛の米国産馬は〝史上最強マイラー〟として国内外で輝きを放った。

タイキシャトルはどんな馬だった？

- **ものすごく周囲に気を遣う馬**
- **ゲート試験のとき扉が開くのを慎重に見ていて立て続けに不合格**
- **コントロールが利き機械のように加速できる**

名馬No.11
サイレンススズカ
悲劇に散った最強にして最速のサラブレッド

文／不破由妃子

エルコンドルパサー、グラスワンダー相手に完勝した1998年の毎日王冠は、サイレンススズカが伝説となった一戦。ファンは強力2頭に影をも踏ませないその強さに唖然とした。

素顔を知る人

橋田満 元調教師

1952年9月15日生まれ。兵庫県出身。1983年に調教師免許を取得し、1985年に厩舎を開業。2023年2月末に調教師を勇退。JRA通算744勝。GⅠ11勝で重賞63勝。管理馬にはサイレンススズカ、アドマイヤベガなど活躍馬多数。ディアドラのナッソーS制覇など海外遠征でも結果を残した。

第一印象は鹿みたいな馬

アドマイヤベガやアドマイヤグルーヴをはじめ、数多の名馬を輩出した名トレーナー・橋田満。1998年の天皇賞・秋で非業の死を遂げたサイレンススズカもまた、彼が世に送り出した傑作だった。そんなサイレンススズカについて、これまで多くを語ってこなかった橋田。「擬人化した物語のようなものを求められたから」と、その理由を語った。橋田にとってこのスタンスは、サイレンススズカに限ったことではない。調教師として本質を見失わないためのポリシーだという。

「擬人化するのが悪いとは言わないよ。ファンのみなさんにもわかりやすく伝えられるし、ゲームの世界などでは、むしろありだと思います。ただ、調教師の私がそういう目で見てしまうと、本質を突けなくなるから。人は人、馬は馬。そう割り切らないと馬を理解することはできないし、調教師という立場の私が擬人化することで、何ひとつわからなくなってしまうことがある。それに気づいて、途中から擬人化してはいけないと心に決めて、私は仕事をしてきました。だから、この本の趣旨に合った話はできないかもしれないけどね(笑)」

そう徹底してきたからこそ、橋田には競走馬の才能を多角的に見抜く眼がある。よって、ここでは不世出の名馬・サイレンススズカの〝才能〟について、余すところなく語ってもらうことにしよう。

1998年の天皇賞・秋。レース中の故障で非業の死を遂げたサイレンススズカ。その日の府中のスタンドは、大きな悲しみに包まれた。

プロフィール

生年月日	1994年5月1日生まれ
性別	牡馬
毛色	栗毛
父	サンデーサイレンス
母	ワキア（母父：ミスワキ）
調教師	橋田満
馬主	永井啓弐
生産牧場	稲原牧場（平取）
戦歴	16戦9勝（海外1戦0勝）
主な勝ち鞍	宝塚記念、金鯱賞、毎日王冠

レースの軌跡

1997年2月にデビューし、初戦を圧勝。その衝撃から一躍クラシック注目の1頭となるが、日本ダービーは9着に敗退する。本格化は古馬になってからで「ハイペースの逃げ」という独自のスタイルを確立すると、GⅠ宝塚記念を含む6連勝を達成。毎日王冠ではエルコンドルパサー、グラスワンダーの強力3歳馬2頭を寄せつけず快勝したが、続く天皇賞・秋のレース中に骨折し競走を中止。安楽死処分がとられた。

「一番最初に見たときの印象は、『鹿みたいだな』って。小さくて、動きがものすごく俊敏で。鹿って動きが軽いんだよね。あの軽い動きこそ、サイレンススズカの身上だった。速いラップで逃げ切った馬が出てくると、みなさん『サイレンススズカのようだ』って言うけど、私からすれば全然似ていない。走り方が全然違う」

美しいフォームで、小気味よくリズムを刻んでいくサイレンススズカの走り。その走りを可能にしていたものは、生まれながらに備わっていた彼の才能だった。

「サイレンススズカとディープインパクトには似ているところがあった。身体が小さくて、それを生かした2頭だけど、どちらも身体の小ささを補う要素を持っていたんです。いい馬にたくさん乗ってきた武（豊）くんが、サイレンススズカが一番だと言っていた。その後ディープが出てきたから二番になったかもしれないけどね（笑）。その要素って、何だかわかりますか？」

ん〜、なんだろう…。この質問には絶対に答えたい！ 頭を抱えて唸る筆者に、橋田がヒントをくれた。

「スポーツ選手って普通なら考えられないような動きをしたりしますよね」

その瞬間、閃いた。身体の柔らかさだ！

「そう、柔軟性です。あの馬は本当に柔らかかった。そうじゃないと、普通はあんなふうにゲートから出てこられないよ。扉、閉まってるんだから（笑）」

サイレンススズカの逃げ戦法による快進撃の始まりは、1998年の東京のオープン特別・バレンタインSから。そのスピードに他馬はなす術がなかった。

橋田が言う〝あんなふうに〟とは、1997年の弥生賞で起こったアクシデント。往年の競馬ファンなら誰もが知るところだが、ゲートの中で待機していたサイレンススズカが、閉まっているゲート扉の下に潜り込んでしまった一件だ。

「レースに向けて心身共にピークに持っていくと、馬も緊張してくるわけです。サイレンススズカは緊張状態になると、馬房の中で左回りにクルクルクルクル回る癖があった。それはもうビックリするくらい高速でね。狭い空間ですから、あれも身体が柔らかくないとできない動きだったと思いますよ」

携わってきた中で間違いなく一番の馬

ディープインパクトにも共通する突出した身体の柔らかさ。それによって「無駄のない走りが実現できていた」と橋田は言う。

「走ったときに、前脚の外側に後ろ脚が来るのが犬とかチーターとかの2節だとしたら、競走馬は4節で走るんです。競走馬もスタートしてすぐは2節で走っているんだけど、そのまま2節では走り続けられないから、すぐに4節に変わる。でも、サイレンススズカは、見た目にはずっと2節に近いような走りだった。車のように、4輪が一度に動けば重心は一定だけど、競走馬が地面に着いているのは、1点か2点。当然、重心を移動しながら走っているわけですよね。それって、斜めの力が加わったりするから、効率が悪いわけです。でも、サイレンススズカは2節に近いような走りができたから、動きに無駄がなく、効率のいい走り方ができた。走ることにもっとも最適化された形というかね。それを叶えていたのが、身体の柔らかさです」

橋田が続ける。

「もうひとつ、心肺機能がすごかった。新馬戦の前も、坂路を馬なりで51秒8で上がってきたんだけど、全然息が上がっていなくて、まるで普通キャンターを乗っ

過去最強と評する者も多い馬だが、ＧⅠの勝利は宝塚記念の１勝のみ。このときは意外な辛勝だったが、溜め逃げしていなかったら圧勝したのではともいわれている。

てきた馬みたいだった。だから、最初から違ったのよ、あの馬は。みんな最初から『これは！』と感じていたしね。心肺機能にしろ、身体の柔軟さからくる効率的な動きにしろ、あの馬には天賦の才があった。私が携わってきた馬の中では、間違いなく一番です」

弥生賞でのゲート潜りにしろ、道中で刻んだラップにしろ、どこか〝狂気〟を感じさせたサイレンススズカだが、橋田の目に映る普段のその姿は、〝狂気〟とはかけ離れたものだったという。

「ラップを見ると確かに〝狂気〟だけどね（笑）。普段は大人しくて可愛い子だった。あの子は目が可愛くてね。自己主張をあまりしない子だった」

「競走馬を擬人化しない」という前提で始まった取材だったが、最後に橋田が〝あの子〟という言葉を使い、同時に表情がフッと緩んだ。

「あのクラスの馬になると、大概の馬は目力がきつい。でも、サイレンススズカは、競馬の当日を除けば常に穏やかな目をしていた。あのクラスの馬の中では、ちょっと異質だったね。それはすごくよく覚えてる。こんなに穏やかで、こんなに走る子は貴重だなって思ったから」

天皇賞・秋のことは思い出したくもないだろう。率直にそう問うと、

「そうね。最悪やったなぁ」

と、短く答えた橋田。別にあの日のことを聞きたいわけではない。橋田の中で、今もなお「一番」として残るサイレンススズカ。いま一度、彼の走る映像を見返して、天賦の才を堪能したい——そう思えただけで十分な時間だった。

サイレンススズカはどんな馬だった？

- **動きがものすごく俊敏で鹿みたい**
- **身体が柔軟で走りが効率的**
- **普段は大人しくて常に穏やかな目をしていた**

牝馬の頂点を極めた内国産の猛女 メジロドーベル

メジロドーベルは牡馬混合GⅠでの成績はあまり振るわなかったが、牝馬限定GⅠなら無双。最後のエリザベス女王杯では連覇を果たし、牝馬に敵なしを証明した。

素顔を知る人

吉田豊騎手

1975年4月19日生まれ。JRA・美浦トレーニングセンター所属の騎手。1994年デビュー。1996年にはメジロドーベルで重賞（GⅠ）初勝利を飾る。2013年には史上26人目のJRA通算1000勝を達成。2022年と2023年にはパンサラッサで海外GⅠを勝利するなど、現在も第一線で活躍中。

文／不破由妃子

レースと普段では印象がまったく違う

メジロドーベルといえば、2歳から5歳まで4年連続でGⅠに勝利し、JRA史上初めて4年連続の年度表彰を受けた歴史的名牝である。

首を小気味よく上下に振りながら、前へ前へと突き進んでいくリズム感に満ちた走りも印象的ながら、ドーベルの最大の特徴といえば、やはり折り合いの難しさ。頭を上げ、口を割って激しく抵抗したチューリップ賞の姿は、今も競馬ファンの間で語り草になっているほどだ。

わがままで勝気な女の子――レース中のドーベルは、まさにそんな印象だったわけだが、

「普段は全然違いましたよ」

そう語るのは、全21戦で手綱をとった吉田豊だ。所属していた大久保洋吉厩舎の管理馬だけに、追い切りもほぼすべてが彼の手綱。ドーベルとは、単なる主戦以上の濃密な時間を過ごしてきた。

「馬房では本当に人懐っこくて、大人しい馬でした。知らない人にも平気で顔を触らせていましたしね。厩務員さんが来ると、餌がほしいのか、ビービー鳴いたりして（笑）。競馬のときとは全然違うなぁといつも思っていました」

オンとオフの切り替えが上手だったのか、あるいは生まれながらのツンデレか。また、吉田によると〝馬懐っこい〟一面もあったという。

「自分が知っている馬の姿が前に見える

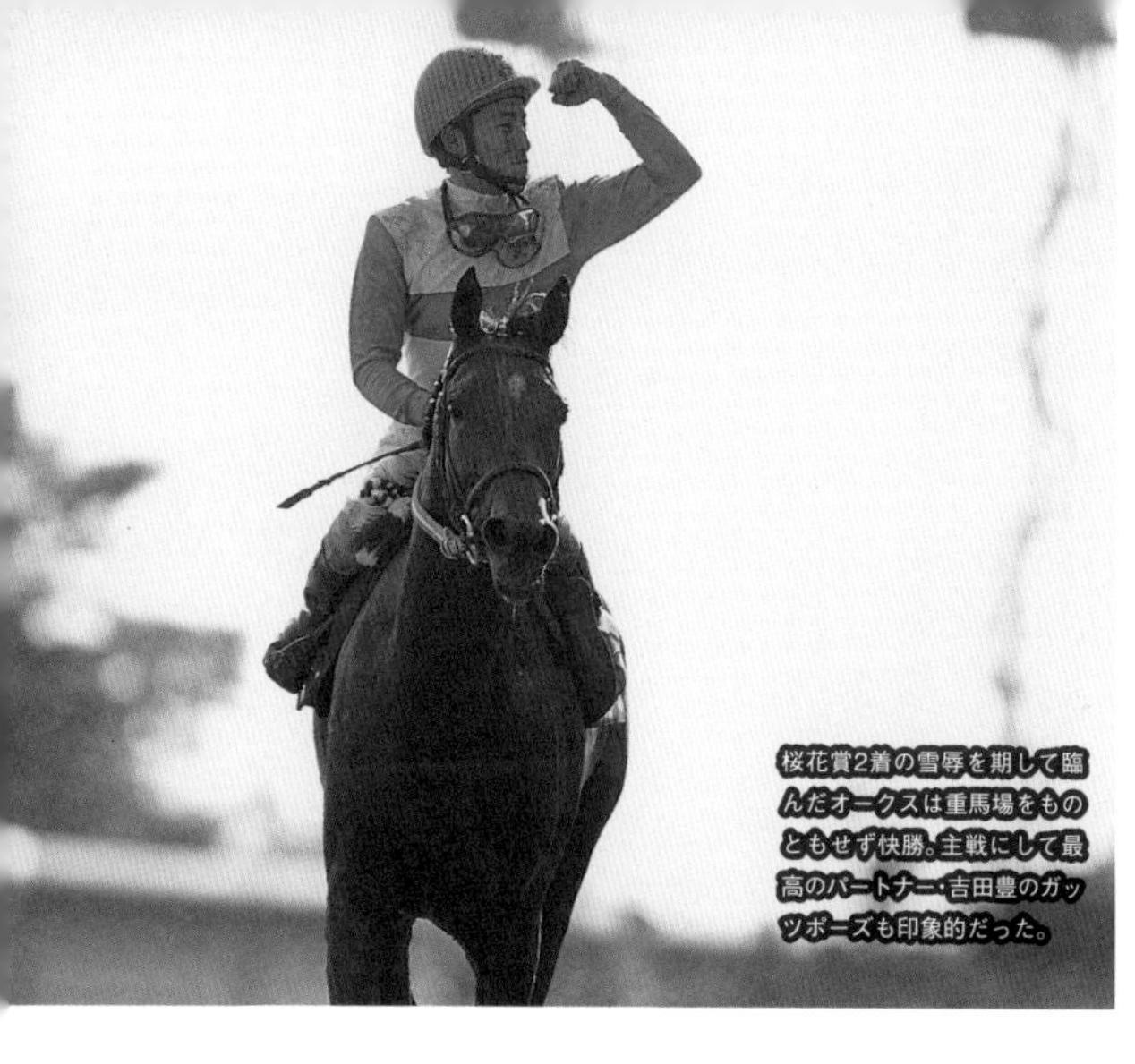

桜花賞2着の雪辱を期して臨んだオークスは重馬場をものともせず快勝。主戦にして最高のパートナー・吉田豊のガッツポーズも印象的だった。

プロフィール

生年月日	1994年5月6日生まれ
性別	牝馬
毛色	鹿毛
父	メジロライアン
母	メジロビューティー（母父：パーソロン）
調教師	大久保洋吉
馬主	メジロ商事
生産牧場	メジロ牧場（伊達）
戦歴	21戦10勝
主な勝ち鞍	エリザベス女王杯（2回）、オークス、秋華賞、阪神3歳牝馬S

レースの軌跡

1996年7月にデビュー。2戦目の新潟3歳Sは5着だったものの、その後は3連勝で阪神3歳牝馬Sを制する。年明け初戦のチューリップ賞、桜花賞と惜敗したものの、距離が延びたオークスを圧勝する。秋は古馬に交じってオールカマーから始動し快勝。続く秋華賞を圧勝する。古馬になって不振が続いたが、牝馬限定戦では無類の強さを発揮し、エリザベス女王杯を連覇。牝馬最強の座を不動のものとした。

と、恋しがって追いかけていくんです。で、追いついたら一緒にゆっくり歩く。逆に後ろに知っている馬がいると、前に進もうとせず、ゆっくり歩いて待っている。知っている馬限定なんですけど、とにかく近くに行きたがった」

群れで生きる馬らしいエピソードだが、いわく、この寂しがり屋の一面には〝ある出来事〟が影響しているのではないかと語る。

「デビュー前の牧場時代にケガをして、みんなが放牧に出されているときも、ドーベルだけは馬房で過ごしていた時期があったそうなんです。きっと寂しかったんでしょうね。たぶんその出来事が関係しているんじゃないかなと思います」

そんなドーベルは今、放牧中の仔馬たちをまとめるリードホースとして活躍している。群れを離れてポツンと遊んでいる仔がいたら、その仔が寂しい思いをしないよう、そっと寄り添っているというから、これもまた彼女の天職なのだろう。

「去年、会いに行きました。もう29歳ですから、元気かなぁとちょっと心配していたんですが、思った以上に元気で本当にうれしかった。僕自身ももういい年になりましたが、年を取れば取るほど、ドーベルのすごさを実感している毎日です。だって、ドーベル以降、ああいう馬に出会えていないんですから。本当に特別な馬だったんですよね、あの馬って」

ドーベルの年齢と同じだけ、騎手としてキャリアを重ねた吉田豊に、今もなお〝特別〟と言わしめる名牝の素顔。レース中との激しいギャップが、どうしようもなく魅力的なのであった。

メジロドーベルはどんな馬だった？

- **馬房では人懐っこくて大人しい**
- **知っている馬を恋しがって追いかけ一緒に歩く**

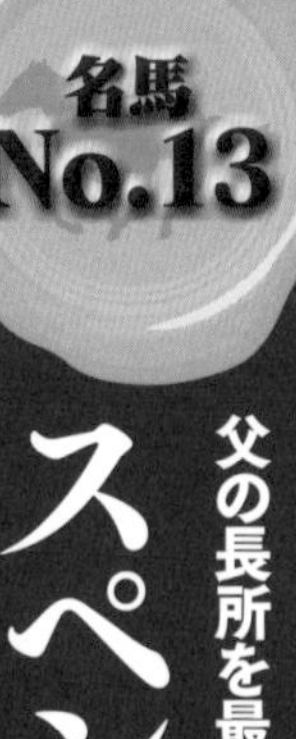

父の長所を最大限に受け継いだサラブレッドの理想型

スペシャルウィーク

文／和田章郎

1998年の日本ダービー。1番人気に推されたスペシャルウィークは、2着のボールドエンペラー以下に5馬身差をつける圧勝劇を演じた。

素顔を知る人

尾形重和 獣医師

1944年生まれ。獣医師免許取得後、アメリカに留学。牧場での研修中に故・吉田善哉氏の知遇を得る。帰国後にノーザンファーム空港牧場と追分ファームで獣医として勤務。元調教師の尾形充弘は従兄弟にあたる。

問題児ではないから印象が薄い馬だった

今から約四半世紀以上前の20世紀末。後年に〝名馬〟と呼ばれることになる逸材たちが、綺羅星のごとく毎年登場してはターフでしのぎを削り、名勝負を繰り広げた時代があった。それは競馬ファンにとっては濃密で、至福の時代そのものであった。

中でも伝説となっているのが1995年組だ。バブル経済が弾けた後も、JRAの好景気は続いていたが、その時代の一種独特な昂揚感を知る多くのファンが、現在でも〝最強世代〟と呼ぶ世代。その奇跡の世代において、クラシックシーズンを迎えた1998年にダービーを制し、頂点に立ったのがスペシャルウィークだった。

2～4歳時に17戦して10勝。敗れた7戦のうち、馬券圏外に沈んだのは4歳秋の京都大賞典のわずか1戦のみ。均整の取れたスマートな馬体と、堅実無比な走り。そしてこの馬で悲願の〝ダービージョッキー〟の称号を得た武豊の鮮やかな手綱さばき。それらが相まって、コアな競馬ファンはもちろん、新しい競馬人気を支える若い世代のファンをも惹きつけた。「母のキャンペンガールが出産後に死に、牧場スタッフが用意した母乳で育てられた」という出生時のエピソードが伝わると、さらに人気に拍車がかかったものだ。

ノーザンファーム空港牧場に勤務し、

スペシャルウィークとデビュー戦からずっとコンビを組んできた武豊にとっては、当時「勝てない」と言われていたジンクスを吹き飛ばすうれしいダービー初制覇となった。

プロフィール

生年月日	1995年5月2日生まれ
性別	牡馬
毛色	黒鹿毛
父	サンデーサイレンス
母	キャンペンガール（母父：マルゼンスキー）
調教師	白井寿昭
馬主	臼田浩義
生産牧場	日高大洋牧場（門別）
戦歴	17戦10勝
主な勝ち鞍	日本ダービー、天皇賞・春、天皇賞・秋、ジャパンC

レースの軌跡

1997年11月デビュー。年が明け、きさらぎ賞と弥生賞を連勝し、皐月賞を1番人気で臨むも3着。しかし続く日本ダービーで優勝。鞍上の武豊騎手はダービー初優勝となった。3歳時はダービーの一冠のみだったが、翌年は天皇賞春秋制覇をはじめ、ジャパンCでは凱旋門賞馬のモンジューを破り優勝と大活躍。その後、秋古馬三冠を目指して有馬記念に出走したが、グラスワンダー相手にハナ差の2着に惜敗した。

スペシャルウィークのデビュー前を知る獣医の尾形重和が、当時のスペシャルの様子をこう振り返ってくれた。

「サンデーサイレンスの仔だと聞いていたので、楽しみなのと同時に、気性面はどうなのかな、という思いがありました。でも、少し気が小さいかな、と思ったくらいで、気難しいところは全然なかったです。当時の面白いエピソードはないですか、といった質問を受けることが何度もありましたが、申し訳ないのですが、そのたびにほとんど印象がない、と答えていました。それだけ問題を起こすようなことがなかった、ということです。ほっそりしていてキレイでね。見栄えのする馬でした。デビュー後も休養でうちに来るたびに、少しずつ筋肉がついて、しっかりした体つきになってきたな、という感じでしたね」

実は同じ頃、後年のライバルとなるグラスワンダーも空港牧場に在厩していたという。

「スペシャルは（グラスより）約半年遅れで入ってきたんですが、日高大洋牧場の方で馴致を終えてからだったので、初めからしっかりしていましたね。グラスは全体にガッシリしていて、アメリカ産馬らしいなぁという感じ。どっちの方が走るのか云々は、獣医としては専門外なので軽々しく口にできませんが、どちらも内臓面で悪いところのない、健康な馬でしたね」

前走の京都大賞典（7着）から大幅に馬体をシェイプ（16キロ減）して臨んだ天皇賞・秋は、直線豪快に伸びて勝利。同年の天皇賞春秋連覇を達成した。

そうした縁のあった同期生は、グラスワンダーが外国産の持込馬ということで、2〜3歳時はそれぞれの道を歩むことになる。

2歳時にグラスワンダーは4戦4勝、GIの朝日杯3歳Sを勝ち、JRA賞最優秀3歳牡馬に選出され、翌年にスペシャルウィークがダービーを制すると、グラスワンダーは有馬記念を制した。そして現在でいう4歳のときの宝塚記念で初対戦が実現する。

アメリカJCC、阪神大賞典、天皇賞・春と3連勝して臨んだスペシャルだったが、グラスの徹底マークの前に3馬身差で完敗。そのショッキングな負け方に、秋の海外遠征プランが白紙に戻されることになった。

その後、立て直された京都大賞典でも、初めて馬券圏外に沈んで体調面の上がり目が疑問視されたが、続く天皇賞・秋を制して史上2頭目（当時）の春秋連覇を果たす。勢いづいたジャパンCも、凱旋門賞馬モンジューらを一蹴してGIを連勝。

そして宝塚記念完敗の雪辱を期して、グラスワンダーとの再戦に臨んだのが、最初で最後、ラストランとなる有馬記念だった。

レースは宝塚記念とは一転。スペシャルが後方に控えてグラスをマークする形で進んだ。ペースは1000メートル通過が65秒2の超スロー。スペシャルは先に動いたグラスに連れて動き、直線外から猛追。叩き合いの末に鼻面を併せるようにゴールした。勢いではグラスを完全に捕らえたように見えたが、写真判定の結果はハナ差での2着。JRAの発表では、わずか4センチほどの差だったという。

GIを3勝しても年度代表馬になれない

そして、この年（1999年度）のJRA賞年度代表馬争いは、後世まで語り継がれることになる。初めてヨーロッパの長距離GIを制し、凱旋門賞でも2着したエルコンドルパサーに、宝塚記念と有

1990年のジャパンCは、同年の凱旋門賞でエルコンドルパサーを破り優勝したモンジューが参戦して注目されたが、スペシャルウィークが勝ち、秋GI連勝を飾った。

馬記念の両グランプリを連覇したグラスワンダー、そして春秋天皇賞とジャパンCを制したスペシャルウィークが得票を分けたのである。

各部門賞トップの中から、年度代表馬が選出されるルールで、しかしその得票率は過半数を超えなくてはならなかった。問題になった最優秀5歳牡馬部門のトップはスペシャルウィークの83票だったが、これが過半数に至らず、受賞馬選考委員会の審議に委ねられることになった。結果、エルコンドルパサーが年度代表馬に選出された。

年度内にGIを3勝した馬が年度代表馬に選出されないケースはあるにはあるが、それは海外競馬や地方競馬の結果も含まれる今でこそ、の話。いや、皐月賞、菊花賞の二冠と有馬記念を制したゴールドシップや、三冠馬コントレイルなどはもちろん極端な例としても、現在ですらレアなケースには違いない。そうした不運な巡り合わせが、20世紀末に誕生したスペシャルウィークに降りかかったわけだ。

国内では地方交流が進み、海外遠征も珍しくなった時代。それは日本競馬が多様化する過渡期だったろう。そこに稀有な名馬たちが数多く登場した。想像を絶する大きな波に揉まれ、涙を呑んだ典型例がスペシャルウィークだったのかもしれない。

だからこそ、スペシャルウィークの多くのファンが、これからその名前を語り継ぐことになるのだろう。武豊に初めてダービーを勝たせた馬、というサイドストーリーを添えながら。

スペシャルウィークはどんな馬だった？

- **デビュー前は少し気が小さい感じだった**
- **気難しいところがまったくない**
- **ほっそりしていても健康な馬**

名馬 No.14

日本のホースマンの悲願に初めて近づいた異才

エルコンドルパサー

3歳でジャパンCに挑戦し、女傑エアグルーヴ、同期のダービー馬スペシャルウィークを倒し、GⅠ2勝目を挙げた。

素顔を知る人

蛯名正義 調教師

1969年3月19日生まれ。北海道出身。1987年に美浦トレーニングセンター所属の騎手として矢野進厩舎からデビュー。2001年には全国リーディングに輝くなど、通算2541勝（2000勝は史上7人目）、JRA・GⅠ26勝を挙げて引退。2022年3月から厩舎を開業した。

文／藤井真俊

周囲の人との信頼関係が敏感だった馬を変えた

1999年にフランスへの長期遠征を敢行し、GⅠサンクルー大賞で優勝したほか、同年の凱旋門賞でも半馬身差の2着と健闘したエルコンドルパサー。これがどれだけの偉業であるかは、今なお破られていない2つの記録を知れば理解できるだろう。

・欧州でクラシックディスタンス（2400メートル）のGⅠを勝った日本調教馬はサンクルー大賞のエルコンドルパサーだけ

・国際競馬統括機関連盟（IFHA）の134ポンド、タイムフォーム社の136ポンドは、共に日本調教馬として歴代最高レート

これだけの偉業を成し遂げた競走馬だけに、現役時代はさぞ猛々しい性格だったのだろうと思いきや…その素顔は完璧な優等生だったという。3歳秋から主戦ジョッキーを務め、翌年のフランス遠征においても全戦で手綱をとった蛯名正義（現・調教師）が振り返る。

「フランス滞在時はレースや追い切りに乗るだけでなく、厩舎にも顔を出して同じ時間を過ごしましたが、本当に大人しかったですね。人間が触っても嫌がるそぶりを見せずジーっとしていましたし、いざ跨ってみてもチャカついたり、暴れたりすることは一切なかったです」

レースで見せる圧倒的なパフォーマンスからは想像もつかない温和な気性。そ

毎日王冠から手綱をとることになったのが蛯名正義。ジャパンCを勝ったこの翌年、このコンビは海を越え、ヨーロッパで旋風を起こすこととなる。

プロフィール

生年月日	1995年3月17日生まれ
性別	牡馬
毛色	黒鹿毛
父	キングマンボ
母	サドラーズギャル（母父：サドラーズウェルズ）
調教師	二ノ宮敬宇
馬主	渡邊隆
生産牧場	レーンズエンドファーム・オークツリー分場（米国）
戦歴	11戦8勝（海外4戦2勝）
主な勝ち鞍	ジャパンC、NHKマイルC、サンクルー大賞

レースの軌跡

1997年11月にダート戦で圧勝デビュー。2戦目のダート条件戦も圧勝すると、続くダート替わりの共同通信杯も完勝。これ以降は芝に主戦場を移し、NZTとNHKマイルCをいずれも勝ち、デビュー以来負けなしの5連勝でＧⅠ制覇を飾る。同年秋初戦の毎日王冠こそ2着に敗れたが、続くジャパンCを快勝すると、翌年は凱旋門賞制覇を目指して欧州に滞在。本番の凱旋門賞は逃げて直線粘るも、最後は差されて2着に終わった。

の原点は〝周囲の人〟にあったのではないかと蛯名は推察する。

「自分がコンビを組ませてもらった3歳秋にはもう随分と大人でしたが、聞くところによると若い頃は敏感な面も見せていたそうなんです。前を歩く馬が尻尾を振っただけでも反応して逃げようとしたり。そういう性格が少しずつ改善されていったのは厩舎スタッフ、とりわけ厩務員さんの影響が大きかったと思います」

エルコンドルパサーを担当していたのは当時、定年間近だった大ベテラン・根来邦雄厩務員だ。

「根来さん自身がのんびりしていて、とても穏やかな性格の方でした。たとえ曳いている馬が物見をして驚くような仕草を見せても、根来さんはまったく気にするそぶりを見せない。人間が動じないから、一緒にいる馬も安心するんですよ。〝ああ、別に驚くことじゃないんだな〟って。ほかにも根来さんが担当する馬に乗せていただいたことがありますが、総じて大人しかったことを覚えています。そんな厩務員さんと信頼関係を築けたことで、敏感だったエルコンドルパサーも変わっていったのだと思います」

デビューから3歳春まで主戦ジョッキーを務めていたのは的場均(現・調教師)。蛯名は「レースにおける乗りやすさは的場さんの力も大きかった」と述懐する。

「たとえばエルコンドルパサーの新馬戦。大きく出遅れて最後方からになったわけ

前走のニュージーランドT4歳S（芝1400メートル）が初芝でしかも重馬場。NHKマイルCでは良馬場のマイル戦への不安が指摘されたが、まったくの杞憂に終わった。

ですが、的場さんはまったく急かすそぶりを見せずにそのまま最後方を進みました。おそらくエルコンドルパサーが競馬に対して怖がったり、マイナスな感情を抱かないように、そーっと乗ったんだと思います。あの馬自身の能力がズバ抜けていたのは間違いないですが、それを最大限に引き出すべく大事に育てられたのは周りの人たちの力も大きい。的場さんだけでなく、二ノ宮先生、調教助手の（佐々木）幸二、根来さん……。誰かひとりでも欠けていたら、もしかするとエルコンドルパサーはまったく違う競走馬になっていたかもしれません」

人間と共生するサラブレッドとして究極

そんなエルコンドルパサーだが、実際にその〝凄さ〟はどのようなものだったのだろう。マンハッタンカフェやアパパネなど多くの名馬を駆ってJRA・GI26勝を挙げた名手に改めて聞いてみた。

「能力はもちろん高い。ただそれを十二分に発揮するためのクレバーさこそが、あの馬のすごさだと思いますね。普通の馬はゴーサインの際にこちらから色々と合図を出します。手綱をしごいたり、反応の鈍い馬だったらステッキを入れたりするのですが、エルコンドルパサーはその反応がケタ違いでした。道中そっと触っている手綱を、ほんの少し握っただけでビュンっと反応するんです。なぜそんなことができるのか？　それは彼が人間のことを信頼して、指示を待っているから。とてつもない集中力で人間に対して意識を高めているから、そんなわずかな動きにも反応することができたのです」

そして、この〝人間への信頼〟というキーワードが、フランスでの長期遠征においても大きな力となった。

「人間を信頼しているからレースでは指示を待てるし、異国の地に行っても戸惑うことがない。人間が連れていく場所が怖いとか、危険だとか、疑う必要がないからです。たとえ知らない場所でも、隣に

デビューからダートで2連勝したエルコンドルパサーにとっては初の芝戦となる予定の共同通信杯だったが、雪のためダート戦に変更された。ここも当然のごとく快勝。

根来さんや幸二がいるから安心…そんなふうにエルコンドルパサーは考えていたんじゃないですかね。自然の動物として見た場合に、そのような気性が優れているとはいえないかもしれませんが、少なくとも人間と共生するサラブレッドとしては〝究極〟だったと私は思います」

エルコンドルパサーの挑戦から、間もなく四半世紀。いまだ凱旋門賞の頂に届かない日本馬の現状に「あのときのような長期遠征をもう一度」との声もある。そんな意見をぶつけてみると、蛯名は微笑みながらもゆっくりと首を横に振った。

「口で言うのは簡単です。でも実行するには膨大な時間やマンパワー、費用を必要とします。あのときは渡邊隆オーナーがとてつもない熱意で、惜しみなくエネルギーを注いでくださいました。二ノ宮先生は日本の厩舎マネジメントをしつつ何度も欧州各国に足を運びました。自分も日本で競馬に乗りながら追い切りのためだけに渡仏しました。厩舎スタッフ以外にも海外経験豊富なマネージャーの多田(信尊)さんや、現地で受け入れてくれたトニー・クラウト調教師が付きっきりでサポートしてくれました。ほかにも獣医さんや装蹄師さんなども、事あるごとに日本から現地に駆けつけました。もちろんカイバも水も日本からです。このすべての費用をオーナーひとりで賄ったんです。とてもじゃありませんが、軽々しく〝長期遠征〟なんて言えませんよね」

日本馬の海外遠征を語る上で今なお欠かすことのできない名馬・エルコンドルパサー。その背景には多くの人間たちの支えがあった。

エルコンドルパサーは どんな馬だった？

- **若い頃はとても敏感な馬だった**
- **クレバーでとてつもない集中力を持つ**
- **環境が変わってもまったく動じない**

名馬 No.15

名手が「騎手人生最高の馬」と評したグランプリの申し子

グラスワンダー

1999年の宝塚記念は、グラスワンダーとスペシャルウィークの2強対決に沸いた。結果は2強のワンツーだったが、グラスがスペシャルにつけた着差は3馬身。グラスの完勝だった。

文／和田章郎

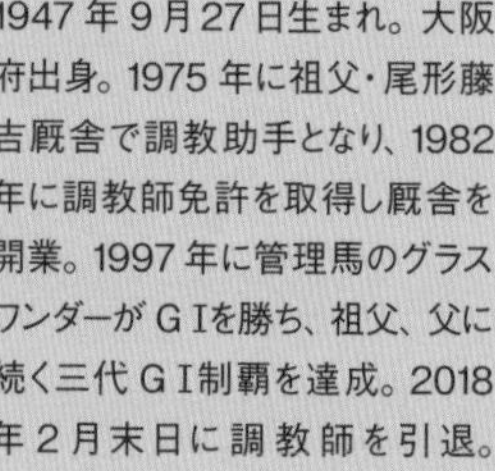

素顔を知る人

尾形充弘
元調教師

1947年9月27日生まれ。大阪府出身。1975年に祖父・尾形藤吉厩舎で調教助手となり、1982年に調教師免許を取得し厩舎を開業。1997年に管理馬のグラスワンダーがＧＩを勝ち、祖父、父に続く三代ＧＩ制覇を達成。2018年2月末日に調教師を引退。2022年に旭日双光章を受章した。

初めは牧場でも厩舎でも目立つ存在ではなかった

かつて日本ダービーには、外国産馬が出走できない時代があった。その頃にはまた、外国産馬と同じように、〝持込馬〟と呼ばれる馬たちにも出走制限がかけられていた。

〝持込馬〟とは、母馬が妊娠した状態で輸入され、日本国内で産まれた馬か、あるいは外国で生まれた仔馬が満1歳を迎えるまでに母馬と共に輸入された馬を指す。当時、もっとも著名な持込馬がマルゼンスキーである。鞍上の中野渡騎手（後に調教師）が言った「賞金はいらない。大外

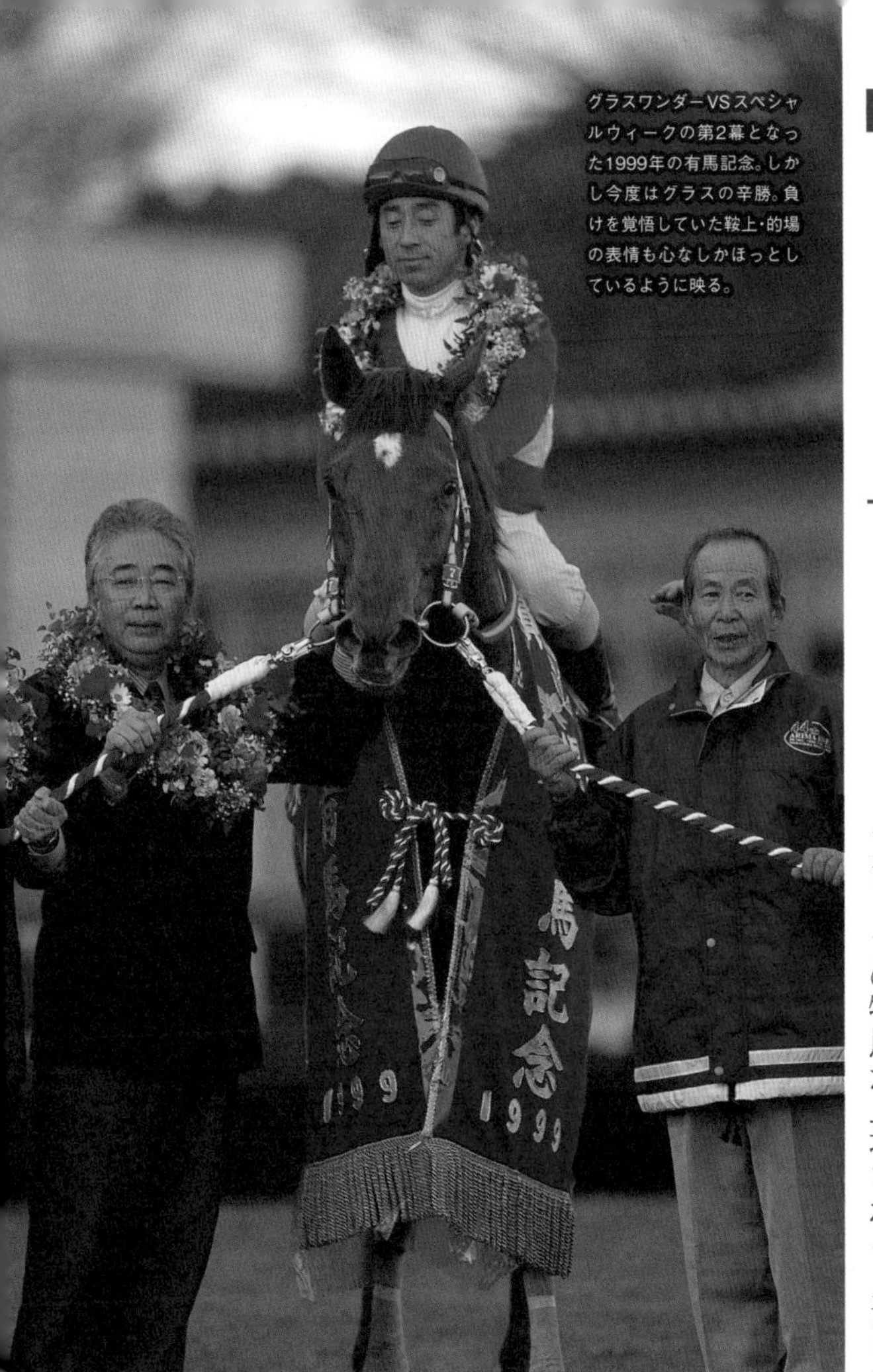

グラスワンダーVSスペシャルウィークの第2幕となった1999年の有馬記念。しかし今度はグラスの辛勝。負けを覚悟していた鞍上・的場の表情も心なしかほっとしているように映る。

プロフィール

生年月日	1995年2月18日生まれ
性別	牡馬
毛色	栗毛
父	シルヴァーホーク
母	アメリフローラ（母父：ダンチヒ）
調教師	尾形充弘
馬主	半沢
生産牧場	フィリップスレーシング（米国）
戦歴	15戦9勝
主な勝ち鞍	有馬記念（2回）、宝塚記念、朝日杯3歳S

レースの軌跡

1997年9月のデビュー戦を快勝すると、朝日杯3歳Sまで怒涛の4連勝。だが翌年春に骨折が判明し、秋まで休養に入った。復帰戦の毎日王冠を5着、続くアルゼンチン共和国杯を6着と不振に陥ったが、有馬記念で復活の勝利を果たす。古馬になると、安田記念こそ2着に惜敗したが、宝塚記念と有馬記念を勝ち、春秋グランプリ制覇（グランプリ3連覇）を達成。その後は再び低迷し、宝塚記念で故障を発症して引退した。

枠で邪魔にならないように走らせるからダービーに出走させてくれ」のエピソードはあまりにも有名だが、そのときのダービーが名伯楽と呼ばれた尾形藤吉の8勝目で、最後のダービー制覇となったラッキールーラである。

そして約20年の時を経て、キーンランドのセリに父シルヴァーホーク、母アメリフローラの牡馬が上場される。グラスワンダーだ。目をとめて競り落とし、日本へ連れ帰ったのが藤吉の孫、尾形充弘だった。グラスワンダーは、GⅠ4勝、GⅡ3勝。2歳時のクラシフィケーションで過去最高の116ポンドが与えられ、古馬になって〝グランプリ3連覇〟を史上2頭目（当時）に達成した。

そうしたキャリアを持つグラスワンダーだけに、多くのエピソードが語られてきたのだが、そこには〝伝説〟に尾ひれがついて伝わっているものも少なくないようだ。そこで同馬を管理していた尾形充弘に振り返ってもらった。

「セリの会場でひと目見て決めた、なんて書かれたこともあったけど、そんなことはなくてね。展示エリアでたくさんの馬をじっくりと見て、何頭かチェックしてからセリに参加したの。半沢の社長だった伊東さんとご一緒して、予算としては25万ドルから30万ドルくらいまで、という算段でした。そうしたら初日、2日目と、欲しいと思った馬を（高額過ぎて）買うことができなかった。でも手ぶらでは帰

3歳秋のグラスワンダーは不振に陥り、早熟説も流れたが、そんな評価を吹き飛ばすかのように暮れの有馬記念を制覇。ここから翌年のグランプリまで快進撃が始まった。

りたくないし、その夜に作戦を練り直したんだよね。で、最終日に再上場していたのがグラスワンダーだったわけ。展示のときの印象は、ちょっと寸が詰まっていて、全体のバランスは悪くなかったけど、正直、見栄えがいいとは思わなかったよね。ただシルヴァーホークは結果が出てなかったけど、ロベルト系なら日本には合うかも、とは思っていたかな。セリでは少し競る格好になって、私が一気に値を上げて、相手が少し考えてから合わせてきた額に、間髪入れず被せるようにもう一段、高い値で応じたら落札できた。輸送代を入れて結局25万ドルくらいだったのかな。ラッキーでしたよね」

日本に到着したのは1歳の11月。受け入れ先のノーザンファーム空港牧場で日本での日々がスタートするが、そこでも特に目立つ存在ではなかったようだ。

美浦トレーニングセンターに入厩した当初も、厩舎スタッフの間では「走るところはありそうだけど…」くらいの返事。それが調教を始めてほどなく「あの馬ちょっと走るかも」に変わっていった。

正真正銘の大物か それとも愚鈍な馬なのか

この馬の性格を知るエピソードとして、こんなものがある。デビュー前の調教中に放馬したカラ馬が厩舎に突っ込んできたことがあった。すぐ脇をものすごい勢いで通り過ぎたのに、グラスワンダーは平然としていたという。

「普通は少しくらい硬直した感じになるものだけど、あの馬は微動だにせず、ボーっと通り過ぎるのを見ていた。こりゃあ本当の大物か、恐ろしく愚鈍なのか、どっちかだなって、冷や汗をかいた後でみんなで笑ったものでしたよ」

本物の〝大物〟だったことは、すぐにわかることになる。

デビューから4戦4勝。圧倒的な内容で2歳チャンピオンの座に就いた。この頃の話として、あまり語られてこなかったことを今回、尾形が教えてくれた。

前走の京成杯3歳Sでの1秒差圧勝を受け、朝日杯3歳Sでは圧倒的な1番人気に支持される。そんなファンの期待に応え、レコードタイム（当時）で快勝した。

「アイビーS（2戦目）の後、臼田さん（スペシャルウィークの馬主）がやってきてね。おめでとう、強いねーって。朝日杯を勝った後も、お肉を大きな段ボール箱に詰めて、3個分かな、お祝いに贈ってきてくれたんです」

後年、宿命のライバルとなる馬主さんと調教師との交流譚。今となってはその真意は知りようがないが、興味深いエピソードではある。

さて、3歳春に骨折が判明し、長期休養明けの毎日王冠5着、続くアルゼンチン共和国杯6着を経て有馬記念を制覇。4歳春は京王杯SCを勝ち、安田記念ハナ差2着と惜敗後、続く宝塚記念、毎日王冠を連勝。そしてスペシャルウィークとハナ差の激闘を演じて有馬記念を連覇。〝グランプリ3連覇〟を飾り、スペシャルウィークとJRA賞特別賞を同時受賞。5歳時に、志半ばにターフを去ることになったが、

「この馬には感謝してもし切れないですよ。札幌競馬の開催中に『尾形藤吉展』が行われて、そのトークイベントに呼んでもらった際に、繋養されている明和牧場に会いに行ってきました。お互いトシだし、会えるのはこれが最後かも、って頭を撫でて。わかっているのかいないのか、頭を上下させるのが可愛くてねぇ。この馬と出会えたことは、私にとって本当に大きな、幸せなことだったと思います」

名馬の時代を生きた同期のライバルたちのほとんどはこの世を去った。現役時代の激しさが嘘のように、穏やかな余生を送るグラスワンダーも、きっと幸せな馬生を全うするに違いない。

グラスワンダーはどんな馬だった？

・セリでの姿は見栄えがしなかった
・横をカラ馬が暴走してもまったく微動だにせず、肝が据わっていた

個性派名馬列伝①

世紀末を駆け抜けた狂気の馬

ステイゴールド

プロフィール	
生年月日	1994年3月24日生まれ
性別	牡馬
毛色	黒鹿毛
父	サンデーサイレンス
母	ゴールデンサッシュ（母父：ディクタス）
調教師	池江泰郎
馬主	社台レースホース
生産牧場	白老ファーム（白老）
戦歴	50戦7勝（海外2戦2勝）
主な勝ち鞍	香港ヴァーズ、ドバイシーマクラシック

漫画のような話。そう言っても過言ではないのが、ステイゴールドの競走成績だ。デビューしてから初勝利まで時間がかかり、ＧＩにも出走するようになってからずっと善戦マン（1998～1999年のGI成績は10戦0勝2着4回3着2回）。2年8カ月ぶりの勝利が重賞初制覇（2000年の目黒記念）で、翌年には日本馬として史上3頭目の海外重賞勝利（ドバイシーマクラシック）を成し遂げた。そして引退レースの同年暮れの香港ヴァーズ。差された後にまた差し返す根性を見せ、有終の美をＧＩ制覇で飾った。

420キロ前後の小さな馬体で大きな相手と必死で戦う姿。なかなか勝てなくても少しずつ成長し、最後には勝つというのは、スポ根漫画のストーリーそのもの。そうした漫画が人気の時代でもあり、ド根性ホースのステイゴールドは人気を博した。

また、入厩当初から手がつけられないほど気が悪かったのも有名な話。馬場入りする前に立ち上がったり、暴れたりするのは日常茶飯事。離れている他馬に噛みつきにいったり、蹴りにいったりするほどの狂気の持ち主だった。その小柄で可愛らしい外見とは裏腹のキツい性格のギャップに、ファンはさらにしびれたのである。

最近はチート能力があり、序盤から主人公が無双する漫画が主流で、修行シーンはあまり人気がないというから、現代人にステイゴールドの魅力は伝わらないかもしれない。だが、激しい気性、瞬発力不足、斜行癖。丈夫で大きなケガをせず、50戦もできたからこそ、それらの弱点を克服し、大成した。「無事是名馬」の典型である。

第2章

2000年代に活躍した名馬

テイエムオペラオー

アグネスデジタル

シンボリクリスエス

スティルインラブ

キングカメハメハ

ディープインパクト

ウオッカ

ダイワスカーレット

名馬 No.16

テイエムオペラオー

古馬の中長距離GⅠを完全制覇した世紀末覇王

文／不破由妃子

2000年の有馬記念。テイエムオペラオーはもはや無理かと思われる状況から勝ちをもぎとった。絶対王者の勝負強さと根性を存分に見せつけられた名レースだった。

素顔を知る人

和田竜二 騎手

1977年6月23日生まれ。JRA・栗東トレーニングセンター所属の騎手。1996年デビュー。重賞初制覇は1996年のステイヤーズS。1999年の皐月賞でテイエムオペラオーに騎乗し優勝。GＩ初制覇を飾る。2022年に現役では11人目の中央通算1400勝を達成した。

日々の食事に見える覇王の繊細な一面

以前、和田竜二に「テイエムオペラオーとの一番の思い出は？」と、何ともベタな質問をしたことがあるのだが、てっきり数多ある名勝負からとっておきの逸話が語られるのかと思いきや、「コンクリの上に落とされたこと（笑）」という答えが返ってきて、意外に思ったことがある。というのも、筆者の中にあるオペラオーのイメージは、〝そういうこと〟をしない馬。何事にも動じず、もちろん折り合いを欠くなんていうこともなく、常に気高さをまとった絶対王者として刻まれていたからだ。

「人間で言うとインテリタイプというか、クレバーな馬だったと思いますよ。賢いし、むちゃくちゃ手を焼かせるわけでもないし。これが一番の思い出なのも、むちゃくちゃ痛かったこともあるけど、僕が落とされたのはそれが最初で最後だったから」

一体どういうシチュエーションだったのだろうか。今回、改めて聞いてみた。

「調教が終わって、厩務員の原口さんと乗り替わろうというときに、いきなりバーン！と尋常じゃない立ち上がり方をしたんです。それこそ、後ろにひっくり返るんじゃないかと思うくらい真っ直ぐに立ち上がった。僕はそのままコンクリートの上に滑り落ちたような感じで、まぁ痛い痛い（苦笑）。せめて馬場の中でやってくれよと思いましたね。休み明けとか、

最後には勝つ、でも大きくは勝たない。まるで五冠馬シンザンのような怖いくらいの勝負強さ。全戦を通してオペラオーの背中にいた和田は、その強さの要因を「省エネ」だと言う。

プロフィール

生年月日	1996年3月13日生まれ
性別	牡馬
毛色	栗毛
父	オペラハウス
母	ワンスウェド（母父：ブラッシンググルーム）
調教師	岩元市三
馬主	竹園正繼
生産牧場	杵臼牧場（浦河）
戦歴	26戦14勝
主な勝ち鞍	皐月賞、天皇賞・春（2回）、天皇賞・秋、有馬記念、宝塚記念、ジャパンC

レースの軌跡

1998年8月にデビュー。3戦目となった翌年2月のダート戦で初勝利を飾ると、そこから連勝街道を突っ走り、毎日杯優勝をステップに皐月賞を制覇。その後、日本ダービー、菊花賞とクラシック戦線では惜敗が続いたものの、4歳になると本格化し、8戦8勝の無敗で古馬中長距離GⅠを完全制覇した。5歳時は取りこぼしも多くなったが、天皇賞・春を2連覇するなど王者の貫禄を見せつけ、有馬記念5着を最後に引退した。

うるさいときはそれなりにうるさかったけど、そこまでになったのは、後にも先にもあのときだけです」

ちなみに、原口厩務員は何度か坂路で落とされていたというが、和田いわく「カラ馬になっても、ケガをするでもなく、そのまま絶対に馬房に帰っていった」というから、やはりクレバーである。

「オペラオーは基本的に〝省エネ〟なんですよ。僕が見た限り、馬房の中ではいつも奥の方でピタッと止まっていた。とにかく動かない馬で、いつ見ても頭を左に向けてジーっと立ってましたね。もしかしてあれ、寝てたのかな（笑）」

〝強い馬ほど普段は無駄な動きをしない説〟は何度も耳にしてきたが、オペラオーもまた、普段は徹底した省エネを実践していたというから、もはや競走馬界の定説といっていい。

「レースでは、早く抜け出すと遊んでしまうところがあったから、僕としてはタイミングを計るのが難しかったんですけど、それも省エネというか、賢かったんだと思いますよ。前にいる馬は絶対に捕まえにいくけど、捕まえた後は無駄な力を使わないというかね」

しかし、オペラオーの省エネは、時に厩務員を悩ませた。和田が「原口さんは大変だったと思いますよ」と振り返るのが、オペラオーの日々の食事である。

「男馬にしては、カイ食いが細かったんですよね。いつもとは違うものが少し混

2001年の天皇賞・春。またもやGIでメイショウドトウを2着に下し、これでGIは実に7勝目。天皇賞・春は前年に続く連覇となった。

ざっているだけで口をつけないようなところもあって、よく原口さんと岩元（市三）先生が話し合っていました。カイバ桶も、与えるまでずっと蓋をしておいて、時間になったらパッと蓋を外したりしていました。それで食べてくれたらいいけど、けっこう残すこともあったみたいです。シュッとしている栗毛のとてもキレイな馬でしたが、あの身体が維持できたのは、きっちり食べさせて、きっちりトレーニングを積んでこそですからね。身体を作ることだけじゃなく、体調にあまり変動がなかったのも、原口さんの苦労の賜物だと思いますよ」

元々体質的に食が細かったのか、あるいは食に対するこだわりが強かったのか。このエピソードを通して、世紀末覇王の繊細な一面を見た気がした。

馬運車の中でブルブル震えていた

「僕の中でも、オペラオーは〝最後まで強い馬〟という印象だったんですけど、最後の最後にね、弱さというか、意外な一面を見たんです」

それは引退後、種牡馬としてのセカンドキャリアを過ごす牧場に向かうべく、トレセンで馬運車に乗り込んだときだった。

「スイスイ乗っていったんですけど、いざ馬運車の中に入ったら、ブルブルブルブル震えていたんです。僕は馬運車に乗り込むオペラオーはそのときに初めて見たので、馬房にいるときみたいにジーっとしているんだろうなと思っていたら、全然違った。レースに向かうときも毎回こうだったのかな、震えるほどに怖い気持ちを抱えながら、毎回競馬場に向かっていたのかなと思ったら、ちょっとポロっときて…」

ヤバイ、泣きそう。ていうか、泣く。

「最後の最後に初めてそういう姿を見て。ああ、僕が知らなかっただけで、オペラオーにとってレースは怖いもので、そんな恐怖ともずっと闘ってきたんやなと思

2000年の天皇賞・春は、メンバーこそ薄かったものの、同世代のライバルであるナリタトップロードやラスカルスズカを下し、古馬になって改めて世代最強を示す形となった。

うと…。馬は、競馬場に向かうのか、牧場に向かうのかなんてわかりませんからね。改めてスタッフに聞いたりはしませんでしたが、たぶんいつもそうだったんでしょう。それだけ気持ちが揺れ動きながら、レースでは毎回、あれだけ強い競馬をしてくれていたわけですから、改めてすごい馬だなと思います。その姿を見るまでは、コンクリに僕を落としたときのオペラオーが一番印象に残っていましたけど(笑)、今となっては、馬運車の中で震えている姿が一番強烈に残っています。あの姿は忘れられない」

これぞ、もうひとつの最強馬伝説——無類の強さを誇ったテイエムオペラオーの知られざる素顔である。

「もうひとつ忘れられないのは、やっぱりあの背中の感触ですね。明け4歳の京都記念から引退レースまでずっと1番人気でしたから、正直、パドックで跨るまでは毎回不安だったんですけど、いざ跨って『ああ、いつものオペラオーの背中やな』とその感触を確かめた途端、『あ、いける』と思えた。毎回、やっぱりこの馬は特別だなと思えて、自信が湧いてくるような、ワクワクしてくるような、そんな背中でした。今思うと、常にそう感じられる状態でレースを迎えられたこと自体、珍しいことですよね。言葉で説明するのは難しいけど、他の馬の背中とは全然違ったし、いまだにあの背中を超える馬には出会えていません」

内なる恐怖と闘い続けながら、さまざまな記録を塗り替え、一時代を築いた世紀末覇王。テイエムオペラオー、あなたはやっぱり偉大だった。

テイエムオペラオーはどんな馬だった？

- 人間で言うとインテリタイプでクレバー
- レースでも馬房でもいつも省エネ
- 男馬にしては食が細い

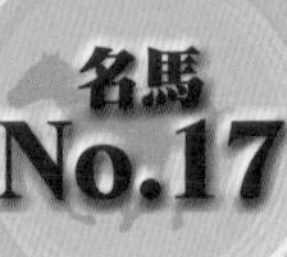

アグネスデジタル

場所もコースも問わず大活躍した二刀流

2003年の安田記念。勝ったアグネスデジタルの前走は公営名古屋の地方交流GⅢのかきつばた記念。これぞ二刀流の本領発揮といえるローテーションだ。

素顔を知る人
井上多実男
元厩務員

1948年8月19日生まれ。23歳で競馬界に入り、武平三厩舎、上田武司厩舎、白井寿昭厩舎で厩務員として勤務。担当馬はアグネスデジタルのほか、2004年のシリウスSを制したアグネスウイングなど。現在は、栗東トレセンにて調教監視（事故監視）に従事。

文／不破由妃子

やる気が感じられず鞍上を不安にさせる馬

「デビュー前に厩舎の周りで曳き運動をしているとき、よその厩舎の人によく言われたんです。『その馬、大人しいなぁ。それ、走るのか？ そんなにボーっとしている馬は走らないぞ』って」

白井寿昭厩舎の厩務員だった井上多実男は、愛しさと懐かしさに満ちた語り口で、当時に思いを馳せた。そのとき井上が曳いていた馬こそ、後のオールラウンダー・アグネスデジタル。2000年のマイルCSを皮切りに、芝・ダートのGⅠを合計6勝（海外含む）。2001年の天皇賞・秋では、テイエムオペラオーに引導を渡した馬でもある。

そんな輝かしい戦績とは裏腹に、アグネスデジタルという馬は、とにかくボーっとしている馬だった。2001年の京王杯スプリングCから主戦を務めた四位洋文も、その独特の空気感に悩まされたひとりで、いわく「返し馬に行っても、まるで寝ぼけているみたいで。いつも『大丈夫ですか～？ 今日は走れますか～？ やる気ありますか～？』と聞きたくなるような雰囲気だった」という。「下見所で欠伸をするくらいの馬でしたからね」と笑う井上。返し馬でイレ込んで鞍上を不安にさせる馬は数え切れないほどいるが、デジタルの場合は真逆。「落ち着いている」を通り越して「もしかして寝ぼけてる？」の領域で鞍上を不安に陥れる。それでいてしっかり6つもGⅠを勝ってしまうの

2001年の天皇賞・秋は、やや衰えが見え始めてきたテイエムオペラオーに引導を渡すかのような会心の勝利。直線抜け出すオペラオーを大外から豪快に差し切った。

プロフィール

生年月日	1997年5月15日生まれ
性別	牡馬
毛色	栗毛
父	クラフティプロスペクター
母	チャンシィスクウォー（母父：チーフズクラウン）
調教師	白井寿昭
馬主	渡辺孝男
生産牧場	ラニモードファーム（米国）
戦歴	32戦12勝（地方8戦4勝、海外3戦1勝）
主な勝ち鞍	マイルCS、安田記念、天皇賞・秋、フェブラリーS、香港カップ、マイルCS南部杯

レースの軌跡

1999年9月にデビュー。2戦目に勝ち上がると、3歳春はダートを主戦場に活躍。秋もダートで始動したが、芝のマイルCSに出走して優勝。そこから芝・ダート不問でＧＩ戦線を戦い、4歳秋には南部杯優勝をステップに、天皇賞・秋で絶対王者のテイエムオペラオーを退けて優勝。さらに海外に遠征して香港カップを優勝するなど大活躍。5歳春は積極的に海外遠征を敢行。6歳時にはフェブラリーSと安田記念を制覇した。

だから、よほど高性能な〝やる気スイッチ〟を搭載していたとしか思えない。

「あの馬が本気で走るのは直線だけでした。道中はいつも遊んでましたよ。フェブラリーSを見れば、よくわかりますよ。向正面から3分3厘あたり、四位くんが早めに仕掛けましたよね。四位くんはもう必死なんですけど、デジタルはどこ吹く風でなかなか反応しない。馬自身がわかっていたんだと思いますよ、ここはまだ本気で走るところではないと。3歳のときに勝ったマイルCSのときからそうです。的場（均）さんのインタビューの中に『思いのほか行けなくて…』という言葉があったと思いますが、あの馬はね、わざと行かなかったんです。『ここはまだ行くところじゃないよ。肝心なところで走ればいいやろ？』みたいなね（笑）。日常でもレースでも、とにかく無駄なことをしない馬でしたね」

馬房で見せていた独特のマイスタイル

「元々あの馬は、ものすごく賢いんですよ」と続けた井上。その口から語られたデジタルの日常には、競走馬らしからぬ驚くべきマイルールが存在した。

「馬房というのは、大体8畳くらいのスペースなんです。信じてもらえるかどうかわかりませんが、そのわずか8畳くらいの空間を、ここはリビング、ここはダイ

3歳時に挑んだマイルCSは、13番人気の低評価をあざ笑うかのような後方一気の快勝劇。それまで芝では3着が最高だったのだから、この評価も当然ではあった。

ニング、ここは寝室、ここはトイレと、全部分けて過ごしていたんですよ」

なんと！　そんな馬、聞いたことない！

「私が知る限り、そんな馬房の使い方をしていたのはデジタルだけです。おしっこで濡れた寝藁を表に干すんですけど、私がいつも少ししか干さないものですから、最初は同僚に『お前、手を抜いているんじゃないか？』と言われたんです。でも、そうじゃない。デジタルの場合、トイレの場所が決まっているから、そこの寝藁だけを干せばよかった。さらに、普通の馬はあちこちでおしっこやボロをするから、馬房の中をウロウロしているうちにそれらを踏むわけなんですが、場所が決まっているデジタルは踏むこともなかった。私としてはね、おしっこやボロを踏んでくれた方が、蹄が柔らかくなってありがたかったんですけどね」

蹄の柔らかさは、水分含有量で決まる。乾燥させないように手入れをするのも厩務員の大事な仕事のひとつだが、普通の馬であれば、排泄物を踏むことで日常的に水分が補給されるという側面があった。

「デジタルは踏まないものですから、どうしても蹄が乾燥してしまうんですね。だから、栗東トレセン近くにあった質のいい粘土を取ってきて、水でこねて柔らかくして、さらに塩を混ぜて。それを蹄底に詰めていたんです。誰にも言いませんでしたが、ちょっとそこだけは苦労がありましたね」

賢さゆえの苦労の日々を、愛おしそうに語る井上。そもそもアグネスデジタルという馬は、人間との距離感も独特のものがあったという。

「朝、馬房に行って、寝藁を上げていると、仕事をしている私の背中に顎を乗せてついてくるんですよ。最初は私もそういう仕草に慣れていなかったから、何かされるんじゃないかと思って警戒したんですけど、時間が経つにつれ『ああ、これがこの馬のスタイルなんだ』とわかって。馬房の中で作業をする際、普通の馬は動かないように張り馬をするんですが、あの馬だけは繋ぎませんでしたね。自由にさ

前年暮れに香港Cを快勝し、翌年の初戦に選んだのはフェブラリーS。ここでは地方競馬の雄・トーシンブリザードを1馬身押さえ、1番人気の支持に応えた。

せておいた方が、気分がよさそうでしたから。種牡馬になってからも変わらなかったようで、牧場の人も『こんなにやりやすい馬は初めてだ』と話していました。あんなに大人しくて人懐っこくて、それでいて賢くて強いなんてね。私も厩務員として40年務めましたが、そんな馬はデジタル以外にはいませんでしたね」

4年強の競走生活を共に過ごしたあの日々から、早いもので20年が経とうとしている。今、井上の脳裏に真っ先に浮かぶアグネスデジタルの姿とは――。

「GⅠを勝つと、本馬場を1頭だけで上がってきますでしょ。欲目かもしれませんが、デジタルがいち早く私を見つけて、こっちに向かって歩いてきてくれたような気がしてね。どこに飛んでいくかわからないようなテンションで上がってくる馬もたくさんいますが、あの馬はそういうことも一切なく。引き揚げてくる際に私を見つけたときのあの姿…あのときのデジタルが真っ先に浮かびますね」

後年のある日、「そんなにボーっとしている馬は走らないぞ」と声をかけた人物が、こう話しかけてきたという。

「『走らないぞ、なんて言ってごめんな。俺もそういう馬やりたいわ』って言ってくれました。デジタルに出会えたことは、私にしてみれば宝くじに当たったようなもの。いくら稼いだとかではなくてね、あの馬自身もあの成績も、私にとって奇跡のような大当たりだったんです」

そんな言葉で貴重なエピソードの数々を締めくくった井上。嗚呼、アグネスデジタルよ、馬房の〝リビング〟でくつろぐ君を一度でいいから見てみたかった…。

アグネスデジタルはどんな馬だった？

- **レース直前なのにボーっとしていてやる気が感じられない**
- **馬房の中を用途ごとにスペース分けしていた**
- **賢くて大人しくて人懐っこい**

シンボリクリスエス

最強を見せつけて引退した漆黒の帝王

2003年の天皇賞・秋。O・ペリエを鞍上に、東京の長い直線をグイグイ伸びるシンボリクリスエス。まさに漆黒の帝王の異名通りの強さだった。

文／和田稔夫

素顔を知る人
藤沢和雄
元調教師

<プロフィールは42頁を参照>
シンボリクリスエスは、預託馬も多く繋がりが深いシンボリ牧場の所有馬として、藤沢和雄厩舎に入厩。外国産馬ながら早熟ではないと、藤沢流の調整でじっくりと成長を促し、最強馬に育て上げた。

真っ黒で見栄えは良いが身体を持て余していた

アメリカ生まれのシンボリクリスエスは、GI4勝（2002・2003年の天皇賞・秋と有馬記念を各連覇）を挙げ、2年連続でJRA賞の年度代表馬に選出された。『漆黒の帝王』――。若馬の頃から黒鹿毛の立派な馬格を誇り、そんな代名詞がつけられている。ルックス的には耳の大きさも特徴的だった。

現役時代に管理した藤沢和雄が初めてシンボリクリスエスを見たのは生まれてから数カ月後。自身の仕入れでアメリカ（サラブレッドセール）を訪れた際、繋養先の牧場に立ち寄ったのだそうだ。

「仔馬の頃から立派で大きかった。真っ黒で見栄えがしましたね」

と、藤沢は当時の第一印象を語る。

1歳時にはアメリカの幼駒セリに上場されたが、希望額に達しなかったために主取り（セリに出した馬に買い手がつかなかったり、価格が希望に達しないとき、生産者が値段をつけて引き取ること）として買い戻すことに…。ここで買い手がついていれば日本で走ることはなかったのだ。そのまま現地で育成を施し、来日後は藤沢厩舎に預託された。

「売りに出したと聞いていたので、びっくりしました。正直、身体が大き過ぎるんじゃないかと思っていたんですけどね」

この段階でクリスエスの馬体重は500キロを優に超えていた。見た目の立派さとは裏腹に「調教を進めていくと

当時、外国産馬といえば「仕上がり早」の印象が強かったが、シンボリクリスエスは晩成型だった。4歳で引退したが、完成するのはまだこれからだったのではないだろうか。

プロフィール

生年月日	1999年1月21日生まれ
性別	牡馬
毛色	黒鹿毛
父	クリスエス
母	ティーケイ（母父：ゴールドメリディアン）
調教師	藤沢和雄
馬主	シンボリ牧場
生産牧場	ミルリッジファーム（米国）
戦歴	15戦8勝
主な勝ち鞍	天皇賞・秋（2回）、有馬記念（2回）

レースの軌跡

2001年10月デビュー。新馬戦を勝ち上がった後、条件戦で惜敗を続け、皐月賞出走はならなかったが、青葉賞を勝利し、日本ダービーに出走して2着。夏を越して神戸新聞杯を圧勝後、菊花賞には向かわず天皇賞・秋に出走して優勝。続く有馬記念も制して年度代表馬に選出される。4歳時は春1戦、秋3戦のローテーション。春の宝塚記念は5着、秋はジャパンCで3着に敗れたが、天皇賞・秋と有馬記念を2連覇した。

腰に疲れが残りやすく、いかにも身体を持て余していた」という。ゆえに入厩後も体質の弱さと向き合いながら、慎重に乗り込んでいくしかなかった。

「なかなか思うような調教ができず、デビュー前も軽めにしか乗れなかった。それでも初戦から勝ってくれたし、元々の能力が高かったんだと思います」

3歳時の2戦目以降は勝ちあぐねたが、5戦目の山吹賞でようやく2勝目をマークした。

「腰が弱い分、ゲート（の出）も遅かった。それで2勝目を挙げるまでに時間がかかってしまったんだけど、山吹賞の頃から馬が変わってきたんです。グングンと良くなっていきました」

するとダービートライアルの青葉賞を2馬身半差で完勝。前年からクラシックレースが外国産馬に開放されたこともあり、「久しぶりにクラシックディスタンスで楽しみな馬が出てきた」とダービーへの手応えをつかんだ。ところが、このレースの手綱をとった武豊騎手からは思わぬ言葉が返ってくる。知る人ぞ知る、有名な会話だ。

「こちらとしては色気を持っていたんだけど…。ユタカくんには『この馬、秋になったら良くなりますよ』と言われました。結局、本番のダービーは何とか2着。勝ったのは彼が騎乗したタニノギムレットでした。さすがだと思いましたよ。やはり、春のクラシックレースでは早い時期から

2002年の天皇賞・秋は東京競馬場の改修工事のため、中山で行われた。唯一の3歳馬での挑戦だったが、ナリタトップロードら歴戦の古馬を向こうに回し快勝した。

〝王道路線〟を歩んできた馬たちが強い。それは紛れもない事実だと思うし、歴史が証明している。この馬に教えてもらった教訓のひとつです」

ひと夏を越し、名手のジャッジは現実のものとなる。陣営は秋初戦に菊花賞トライアルの神戸新聞杯を選択。ダービーで敗れたタニノギムレット（屈腱炎で引退）との再戦は実現しなかったが、順当勝ちで好発進を切った。レース後の陣営は古馬相手の天皇賞・秋に向かう方針を表明。3歳馬同士の菊花賞（3000メートル）より、距離（2000メートル）の適性も重視した采配だ。

中山で行われた天皇賞・秋ではナリタトップロードらの追撃を封じ、見事にGI初制覇を達成する（当時のコースレコードタイ）。次のジャパンC（3着）では外国馬の2頭（1着＝ファルブラヴ、2着＝サラファン）に先着を許したが、年末の有馬記念でGI2勝目をマーク。この年の年度代表馬に輝き、堂々と頂点の座を射止めた。

海外にも連れていきたかった…

4歳を迎えた翌年は休み明けの宝塚記念こそ5着に敗れたが、秋に進化した姿を見せつける。天皇賞・秋では不利な大外枠からでも堂々と突き抜け、史上初の連覇を達成（当時のレコードタイム）。前年の雪辱を期したジャパンC（3着）はタップダンスシチーの大逃げに屈したが、ラストランの有馬記念で見事にリベンジを果たす。それも独走態勢の9馬身差で圧勝。天皇賞・秋に続き、またしてもレコードタイム（当時）のおまけつきだ。強烈なパフォーマンスで有終の美を飾り、2年連続で年度代表馬に輝いた。

「今までで一番、強い競馬をした。ここで引退（種牡馬入り）することが決まっていたけど、次の年も走らせてみたいと思ったのが本音。あの日はレース前のパドックでもヤル気を見せていたし、若い頃に比べたら随分と逞しくなったと感じました。オリビエ（ペリエ騎手）は今でも『こ

シンボリクリスエス最大のハイライトといえば、2003年の有馬記念。大外からのスタートで道中中団につけ、3〜4角で進出すると直線ではもう後続を離すだけ。実に9馬身差の圧勝劇だった。

の馬なら凱旋門賞を勝てたかもしれない』と言っています。それぐらいの強い勝ち方。私自身も現役を続けていれば、ドバイなど海外に連れていきたかった。そんなふうに思っています」

数々の名馬を手掛けた藤沢も驚くほどの強さで最後の一戦を締めくくり、惜しまれながら引退。当日に行われた引退式では、漆黒の雄大な馬体をファンの目に焼きつけた。

種牡馬としてはサクセスブロッケン、ストロングリターン、アルフレード、エピファネイア、ルヴァンスレーヴといったGI馬を出し、ブルードメアサイアー（母の父）としてもレイデオロが日本ダービーを制するなど優秀な血を次世代に伝えている。

「クリスエス自身、本質は芝の2000メートルぐらいでのスピードがすばらしかったし、アメリカの血統だからダートでも走るんじゃないかと思っていました。昔、米国産馬は早熟などと囁かれた時代があったけど、とんでもない話。この馬は最後まで成長し続けた。東京の2000メートルと中山の2500メートルでレコード勝ち。最初は1600メートルから使い出したけど、2000メートル以上の長い距離が良かったんだろうね。最後まで立派に走ってくれたし、本当にすばらしい馬でした。私の調教師人生においても思い出深い1頭です」

2000年代の前半に〝最強〟のパフォーマンスを見せたシンボリクリスエス。その立派な見た目と走りは『漆黒の帝王』という呼び名に相応しく、数々の輝かしい記録を残した。

シンボリクリスエスはどんな馬だった？

- **デビュー前は調教をすると腰に疲れが残りやすく体を持て余していた**
- **引退直前はやる気がみなぎり、身体も逞しくなっていた**
- **ダートでも通用しそうなパワーの持ち主**

スティルインラブ

最大のライバルとの激戦を制して牝馬三冠を達成！

2003年の桜花賞。スティルインラブは好スタートを切ると、道中は好位をキープ。直線ではグイグイ伸び、シーイズトウショウ以下を振り切った。

素顔を知る人
齋藤慎
大山ヒルズディレクター

1973年6月28日生まれ。神奈川県出身。大学卒業後マエコウファーム（現・(株) ノースヒルズ）に入社。大山ヒルズ開業の年に同場へ移動。調教マネージャーとして、ヘヴンリーロマンス、スティルインラブなどを手掛ける。現在は大山ヒルズ取締役ディレクター。

文／福嶌弘

トモの緩さが生み出したクセがあり過ぎる蹄音

「良くも悪くも〝サンデーサイレンスの仔らしくない馬〟。この馬が牝馬三冠を獲るとは思いませんでした」

数々の名馬を輩出してきた大山ヒルズのディレクター、齋藤慎はスティルインラブに初めて会った日のことをこう振り返った。

「その頃は僕も調教スタッフでしたし、大山ヒルズもありませんでした（2003年開場）。だからノースヒルズで2歳秋まで育成していました。大人しくて品がある馬だとは思いましたけど、印象としては（同い年の）ヘヴンリーロマンスの方が強かったです」

栗毛の小柄な馬体で愛らしい印象が強いスティルインラブだが、育成時代は特に目立った馬ではなく、トモの緩さばかりが齋藤の脳裏に残っているという。

「今思えば芝向きってことだったんでしょうが、当時はとにかくトモが緩くて。アスファルトを歩くと蹄尖（ていせん）が当たるからカツンカツン音がして、遠くからでも『スティルが来た』ってわかるくらい。ただ、それでも調教すると時計は出る。古馬になってパワーがつけばどんな馬になるんだろうという感じではいました」

よくなるのはまだまだ先――そう評価されていたスティルインラブは予想に反して2歳11月のデビューから2連勝。紅梅Sを制してクラシック戦線に乗った。

「2戦とも芝1400のレースでしたけ

秋華賞は2番人気に甘んじたものの、レースではアドマイヤグルーヴの追撃を抑え、見事に牝馬三冠を達成。幸騎手も史上最年少の三冠ジョッキーとなった。

プロフィール

生年月日	2000年5月2日生まれ
性別	牝馬
毛色	栗毛
父	サンデーサイレンス
母	ブラダマンテ（母父：ロベルト）
調教師	松元省一
馬主	ノースヒルズマネジメント
生産牧場	下河辺牧場（門別）
戦歴	16戦5勝
主な勝ち鞍	桜花賞、オークス、秋華賞

レースの軌跡

2002年11月にデビュー。新馬戦、紅梅Sと連勝し、チューリップ賞2着をステップに桜花賞に出走して優勝。続くオークスも制して二冠を達成する。秋は初戦のローズSこそ5着に敗れたものの、秋華賞では見事に巻き返して優勝し、牝馬三冠を達成。続くエリザベス女王杯は2着に敗れたが、同年の最優秀3歳牝馬を受賞する。古馬になっての活躍も期待されたが、3歳時の走りを取り戻せず、5歳秋に引退した。

ど、あれほど強いとは思いませんでした。デビューしてもトモが緩いままでダッシュが利かないと思いましたが、それで勝てるんだから力はあるんだと感じました」

やがてスティルインラブは桜花賞、オークスを制して10年ぶりとなる牝馬三冠を達成。最後の一冠・秋華賞を目指し放牧に入ったが、課題となっていたトモの緩さは変わらなかったという。

「競走馬になっても相変わらずトモは緩いまま。馬房でも育成時代と同じように大人しくて余計なことはしませんし、ホントに手がかかりませんでした」

人を困らせることがほとんどなく、扱いやすい馬だったからこそ思い通りに仕上げられたというスティルインラブ。ゆえに牝馬三冠の偉業を成し遂げられたわけだが、その秘訣は齋藤によると「余計なことをしないこと」だという。

「トモを入れるようにしたかったのですが、それで崩してしまってはいけないから無理せずにこの馬のペースでいこうと考えました。走る馬にはついつい余計なことをしがちですが、ビシビシやらなくても走るなら無理することはないって。もしこのとき、スティルに強い調教を課していたら古馬になってもGIを勝てたかもしれませんが、牝馬三冠は獲れなかったかも。ただ、この経験が糧となり、後にキズナやコントレイルのような活躍馬を育てることができました。彼女は大山ヒルズの礎になってくれた馬だと思います」

残念ながら、スティルインラブは産駒を1頭しか残せずにこの世を去ったが、彼女が遺したものは今もなお、大山ヒルズの財産となっている。

スティルインラブはどんな馬だった？

- サンデーサイレンスの仔らしくない馬
- トモが緩く、蹄尖をいつも擦って歩いていた
- 余計なことは一切せず手がかからない馬

名馬
No.20

キングカメハメハ

異なる距離をこなした変則二冠馬

2004年の日本ダービー。キングカメハメハはスタート後に絶好の位置をキープ。直線では外を回り、早めに先頭に立つと、そのまま押し切った。

素顔を知る人

安藤勝己 元騎手

1960年3月28日生まれ。1976年に笠松競馬場（岐阜）で騎手デビュー。2003年にJRAに移籍し、栗東トレーニングセンター所属の騎手となる。移籍初年度からＧＩ２勝を含む112勝と大活躍を見せ、2013年に引退するまでJRA通算1111勝、地方通算54勝を挙げた。

文／小川隆行

デビュー時はのんびり屋 初の敗戦で燃えた闘争心

ＮＨＫマイルＣと日本ダービーを制した「変則二冠馬」のキングカメハメハ。主戦騎手だった安藤勝己は、

「僕が乗ってきた馬の中で最強の1頭。とにかく乗りやすかった」

と振り返る。当時のレースＶＴＲを確認してみても、騎手がゴーサインを出すと同時にスパートを開始すると、瞬く間に後続との差を広げている。

しかし、新馬戦のＶＴＲを見ると「この馬がダービー馬？」との思いが拭い去れない。2歳11月の京都芝２０００メートル。スタートから中団につけて勝利するものの、2着との着差は2分の1馬身。2戦目のエリカ賞も同じ位置から同じ着差。この時点でダービーを勝つとは、当の安藤自身も思っていなかった。

「馬体も締まっていなかった。けど本気で追うと伸びてくれた」

幼少期から癖がまるでなく、のんびり屋だったキングカメハメハは、素質開花までに時間がかかった。

3戦目の京成杯で初めて3着に敗れた。騎乗したＤ・バルジュー騎手は「4コーナーで手ごたえが怪しくなったが、直線では再び伸びてくれた。まだ何をしていいか、わからずに走っている感じ。将来的には大きな舞台で戦える器だと思う」とコメントしている。

失敗は成功の源でもある。この京成杯の敗戦でキングカメハメハは覚醒した。

日本ダービーのキングカメハメハについて、安藤は「誰が乗っていても勝った」と語る。それほどこのときのキンカメは、馬体的にも精神的にも研ぎ澄まされた最高の出来だった。

プロフィール

生年月日	2001年3月20日生まれ
性別	牡馬
毛色	鹿毛
父	キングマンボ
母	マンファス（母父：ラストタイクーン）
調教師	松田国英
馬主	金子真人
生産牧場	ノーザンファーム（早来）
戦歴	8戦7勝
主な勝ち鞍	日本ダービー、NHKマイルC、神戸新聞杯

レースの軌跡

2003年11月にデビュー。新馬戦、エリカ賞と連勝したが、翌年、初の東上となった京成杯で3着に敗退する。すみれSと毎日杯を連勝した後、中山は不向きと見て皐月賞を回避し、NHKマイルCに出走。結果は2着に5馬身差の圧勝で、レコードのおまけつき。続く日本ダービーもレースレコードを更新する快勝で変則二冠を達成する。秋の飛躍も期待されたが、神戸新聞杯勝ちを最後に故障で引退した。

安藤は、

「(京成杯を見て)正直あの程度かと思ったけど、その後の調教では別馬と思うぐらい動きが良くなった」

4戦目のすみれSでは、スタートから積極的な走りで3番手につけ、2着馬を2馬身半ほど突き離した。再びコンビを組んだ安藤は、

「新馬戦の際にはズブいと思っていたけど、まるで違った。馬体重はデビューのときより10キロほど減っていたけど、雄大に見えた。調教も、新馬戦当時とは比較にならない動きで、精神面が強くなっていた」

と振り返った。

管理する松田国師は、この3年前のクロフネ(NHKマイルC優勝馬)と同じローテーションを描いていた。「競走馬にとって難しい」＝器用さが求められる中山をパスし、次走で毎日杯に出走させたのである。

毎日杯でキングカメハメハは3番手につけると、直線で騎手のゴーサインに反応し、すばらしい瞬発力を見せつけた。ドバイワールドカップでアドマイヤドンに騎乗する安藤の代打を務めた福永祐一は「いいポジションで競馬ができた。どんな競馬でもできる。大人っぽい高校生みたい」と後に語っている。

続くNHKマイルCで再び騎乗した安藤は、

「新馬戦に乗った際、適性距離は

NHKマイルCのキングカメハメハのパフォーマンスは圧巻だった。道中中団につけると、直線では上がり最速で5馬身差の快勝。鞍上もその強さに驚愕したという。

2000メートルかそれ以上と思っていた。流れに乗るまで時間がかかるので、2000メートルなら慌てずに乗れる。乗った感触やフットワークから、マイル向きのタイプではない」

と多少の不安を感じていたそうだ。

乗り役の不安は馬に伝わる、と語る安藤は、馬の長所を最大限に活かすレース内容を思い浮かべた。

「後方にいたとしても直線は長い。馬任せで楽に走らせよう」

とイメージしたそうだが、ゲートが開くと抑えるのに苦労するほどの走り。4コーナーで先頭に立つと、直線は独走状態。これ以上ない独走劇に多くのファンが度肝を抜かれた。

「こんなに強い勝ち方をするとは…」

安藤も予想外の強さに驚いたという。

ダービー直前 鞍上は笑っていた

そして迎えた日本ダービー。最終追い切りで、普段は何も言わない松田国師が「速い時計で」と指示を出した。ケイコも抜群の内容で体調もピーク。安藤の自信が高まる一方で、不安もよぎった。

「NHKマイルCでの勝ち方から、本質的にはマイラーかもしれない。ダービーであの脚が使えるか…と思ったけれど、この馬は2000メートル以上の馬だ」

と自分に言い聞かせた。

ダービー当日、地下馬道から本馬場へ向かう安藤は笑みを浮かべていた。どの騎手も陣営も最大限に緊張する日本ダービーのレース直前に、騎手の笑顔を目にしたことなどない。「まず負けない、と。誰が乗っても勝った」。ただし「キンカメじゃなければ笑えなかった」と語る安藤。

スタート直後、インコースの各馬が早い動きで1コーナーを目指したため、6枠12番のキングカメハメハは6番手。後に松田国師は「理想的な位置取り。安藤くんを乗せて良かった」と褒めている。

スローな流れの中、4コーナーを回ると3番手を走ったコスモバルク(2番人

キングカメハメハの関東初見参となったのは2004年1月の京成杯。鞍上はダリオ・バルジューで3着に敗退する。バルジューは当時「能力はすごいが経験不足」とコメントした。

気)が引っかかり一瞬斜行、キングカメハメハの進路を塞いだ。同馬の動きに惑わされぬ走りをする、とイメージしていた安藤は、妨害による被害を最小限に留めた。前を塞がれると「走るのを止めてしまう」馬もいるが、キングカメハメハは勢いを削がれるどころか先頭に立った。後ろからハイアーゲームが差を詰めてきたが、安藤はこれすら予期していたようで、並びかけようとした瞬間にムチを入れると、瞬く間に差が広がった。

騎手の指示でギアを上げたキングカメハメハは2着に1馬身半差。4コーナーで一瞬進路が狭まったにもかかわらず、勝ちタイム2分23秒3は驚異的なダービーレコード(当時)。レースVTRを見返すと、キングカメハメハの素直な気性と、安藤の冷静な手綱さばきを感じさせられる。安藤は、

「ダービーは普段と雰囲気が違う。敏感な馬はそれを察するけど、勝つ馬は精神的にもしっかりしている」

とパートナーを激賞した。

秋初戦の神戸新聞杯を勝った後「菊花賞と天皇賞、どっちがいいと思う?」と松田国師に問われ、安藤は「どっちでも勝つと思います」と答えたそうだ。陣営は天皇賞・秋への出走を表明したものの、右前浅屈腱炎を発症し引退。

キングカメハメハは種牡馬となり、17頭ものGI馬を送り出し、2度のリーディングサイヤーにも輝いたが、2019年8月にこの世を去った。産駒の中には今をときめく種牡馬ドゥラメンテもおり、その血は日本競馬界の主流血脈のひとつとして、紡がれている。

キングカメハメハはどんな馬だった?

- 最初は何をしていいかわからずに走っていた
- 大人っぽい高校生のような雰囲気
- 精神的にしっかりしていて乗りやすい

名馬
No.21

常識を超えた衝撃の末脚！　日本競馬の至宝

ディープインパクト

中山から舞台が替わって東京へ。能力の絶対値が他馬とはあまりにも違うディープインパクトにとって、日本ダービーは勝ちを約束されたも同然のレースだった。

文／大恵陽子

素顔を知る人

池江泰郎
元調教師

<プロフィールは18頁を参照>
ディープインパクトは2004年の9月に池江泰郎厩舎に入厩。メジロマックイーン、ステイゴールドなど数々の名馬を管理してきた池江泰郎調教師は、ディープインパクトの入厩前からすでにその栄光の未来を予言していたという。

猫のような筋肉を持つ“猫好き”なサラブレッド

小顔でクリっとした黒目。当時をときめくサンデーサイレンス産駒で、母系も良血、全兄ブラックタイドは重賞勝ち馬となれば、ディープインパクトは「いいお家の男の子」である。実際、厩舎でもそのような扱いを受けていた。管理していた池江泰郎はこう振り返る。

「担当厩務員の市川（明彦）が息子のように可愛がって『坊ちゃん』と呼んでくれていたよ。私は『ディープ』と呼んでいましたけどね」

日々接する上で、〝坊ちゃん〟な仕草や

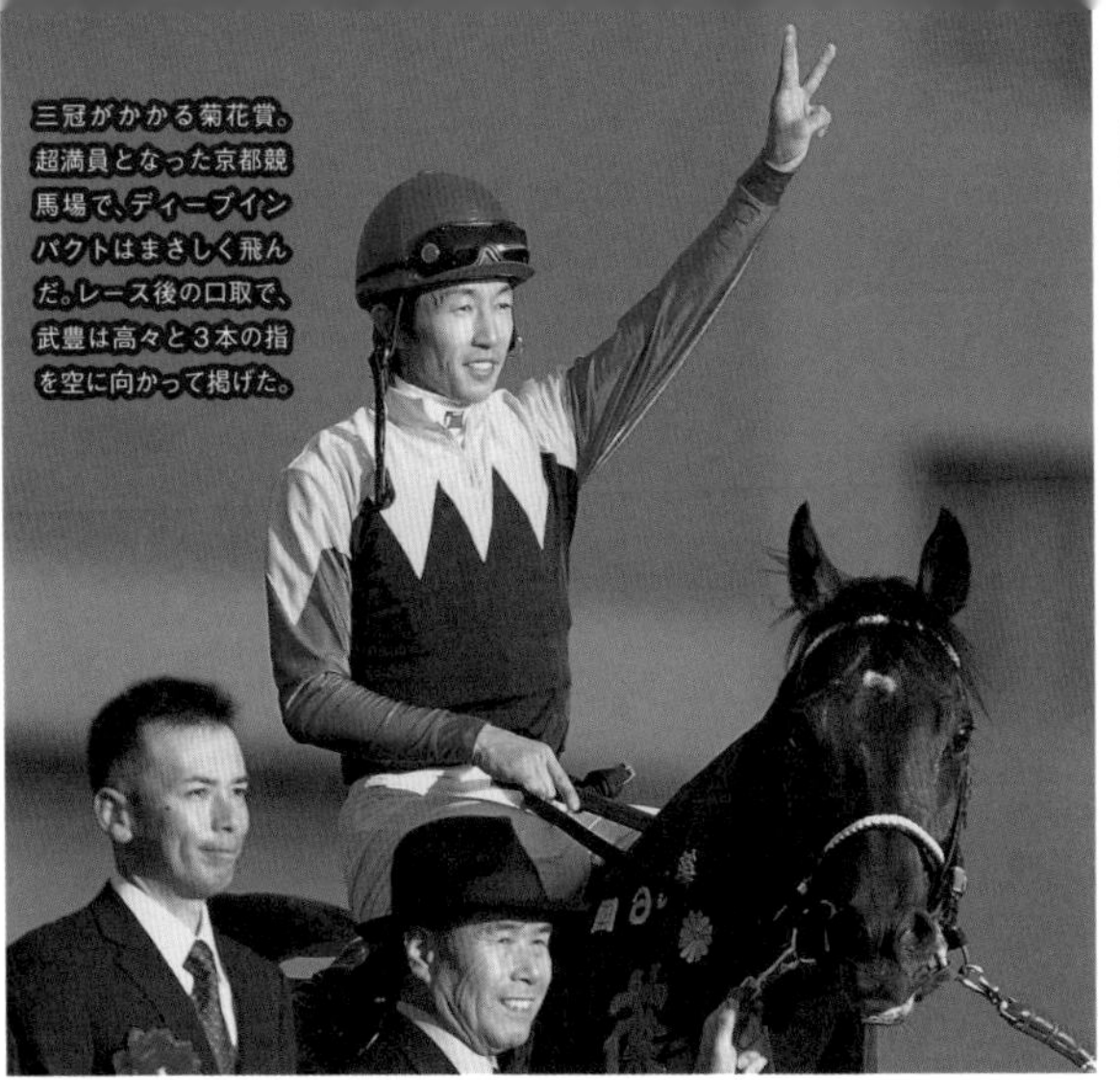
三冠がかかる菊花賞。超満員となった京都競馬場で、ディープインパクトはまさしく飛んだ。レース後の口取で、武豊は高々と3本の指を空に向かって掲げた。

プロフィール

生年月日	2002年3月25日生まれ
性別	牡馬
毛色	鹿毛
父	サンデーサイレンス
母	ウインドインハーヘア（母父：アルザオ）
調教師	池江泰郎
馬主	金子真人ホールディングス
生産牧場	ノーザンファーム（早来）
戦歴	14戦12勝（海外1戦0勝）
主な勝ち鞍	皐月賞、日本ダービー、菊花賞、天皇賞・春、宝塚記念、ジャパンC、有馬記念

レースの軌跡

2004年12月のデビュー戦を軽く仕掛けられただけで圧勝し、競馬ファンの度肝を抜くと、連勝街道を突き進み、クラシックの大本命として三冠レースに臨んだ。その走りはファンの期待に違わず、皐月賞、日本ダービー、菊花賞をいずれも圧倒的な1番人気で勝利して、シンボリルドルフ以来の無敗の三冠馬となる。同年の有馬記念でハーツクライの後塵を拝したが、以後は凱旋門賞での失格を除き全勝で現役生活を終えた。

雰囲気があったのだろう。たとえば、カイバの食べ方もそのひとつだったかもしれない。

「余分な食べ方はしなかったね。必要であろう量はちゃんと食べて、自分が『もうこれでいいんだよ』と満足すれば、いくらか残すこともありました。メジロマックイーンはカイバ桶に顔を突っ込んだら完食するまでそのままバリバリ食べていたけど、ディープの場合はひと息入れながらゆっくりと食べていたね。食べ方も上品で、性格もゆっくりと落ち着いていました。馬房や運動場では大人しくて『俺はディープだぞ』という感じの品がありましたね。厩舎に来た当初からそんな感じで、馬房での姿を見ると、あんな激しい競馬をするとは全然思わないよね」

そんな「お坊ちゃまな雰囲気」を漂わせるディープインパクトも、レースとなると一変した。特に勝負どころからの加速力はすさまじく、デビュー2戦目となった3歳1月の若駒Sは、3コーナーで先頭から20馬身以上離れた最後方にいながら、直線でゴボウ抜き。並ぶ間もなく抜き去っていくと、2着に5馬身もの差をつけて勝った。その後、皐月賞のスタートで躓くような格好になり、出遅れながらも見事勝利を手中に収め、レース後に武豊騎手は「走っているというより飛んでいる感じ」と称した。

「体全体を使ったしなやかな走りをしていたから、調教で乗っていた者はいつ脚が着地したかわからないくらい軽い走り方です、と話していました。普通なら脚が地面に着いたときに乗っている者の身体に反動がそのまま来るんだけど、ディープの場合は柔らかくてクッションがあったからね。だから、軽やかに走っていたんです」

その類まれな柔軟性はどこから来ていたのだろうか。池江はある動物にたとえてこう説明する。

「猫みたいな皮膚をしたサラブレッドがいい、といわれるんだけど、ディープはまさにそうでした。猫は皮膚を引っ張るとゴムみたいにびゅーんと伸びて、離すと

競馬に絶対はない。この格言が頭をよぎったディープインパクトのレースが皐月賞だ。スタート直後いきなり躓くアクシデント。しかし終わってみれば完勝と、その底知れぬ力を存分に見せつけた。

また戻るでしょ？　そんな感じの皮膚や筋肉をしていて、とても柔らかかったんです」

しなやかで薄い皮膚の下に、柔軟性に富んだ筋肉を宿していたのだ。そしてもうひとつ、ディープインパクトには猫にまつわるエピソードがある。

「猫と仲良しだったんですよ。厩務員が猫好きで、当時の厩舎には野良猫みたいなのが勝手に来ていてね。三毛猫のような柄で、怖がらずにディープのそばに寄っていって仲良しになっていったんですよ。ずっと厩舎にいるわけではなくて、我々の仕事の合間とかに時々タイミングを見てその猫が来て、ディープも『来たか〜』という感じで鼻面を合わせて挨拶していました。こういうのを見ていると、癒やされたな」

近年はさまざまな規制が厳しくなり、厩舎に動物が出入りすることはなくなったが、英雄と称され、最前線で戦っていたディープインパクトも、時にこうしたリラックスした表情を見せていたのだ。

一度も放牧に出さず ずっと在厩調整の2年間

話は逸れるが、池江には今も忘れられない名馬がいる。メイズイという、名門・尾形藤吉厩舎の管理馬で、１９６３年の皐月賞、日本ダービーを勝った牡馬だ。当時、東西にトレセンができる前で、池江は騎手として京都競馬場の厩舎に所属していた。そのとき、ほぼ確実といわれた三冠をかけて関東から京都競馬場に来ていたメイズイを見に行き、衝撃を受けたという。

「すごくキレイな馬で、『ああ、これが今から三冠馬になろうかという馬か。僕もこういう馬をやりたいな』って思いで眺めていました」

それから42年後、メイズイが成し得なかった三冠をディープインパクトは達成したのだが、池江が一番安心して見ていられたのは意外にも日本ダービーだったという。すべてのホースマンが渇望する3歳頂点レースを、だ。

最後のレースとなった有馬記念もまた圧巻のレースだった。4角をスムーズに加速すると、直線ではあっという間に抜け出した。最後は抑える余裕もあったまさに完勝。

「皐月賞は転びそうなスタートで、普通の馬では勝てないようなレース。直線でものすごい脚で差して勝ったけど、脚元は無事かばかりが気になって、レース後に厩舎で『馬は元気で、異常はないですよ』と厩務員から聞いて、やっとうれしさが湧いてきました。菊花賞は1周目のスタンド前を通過するときに引っかかって、あれだけかかると長距離はもたないのが当たり前だけど、この馬には関係なかったね。それに対して日本ダービーは、皐月賞のレースぶりから『まともに競馬をしてくれれば、東京の長い直線コースだったら』と、一番気持ちよく見ることができたんですよ」

たとえ能力が抜けていても、コース形態や多頭数でのレースでは何があるかわからない。そういった不安要素をもっとも感じずに臨めたのが日本ダービーだったのだ。

「2年間の現役生活だったけど、5年くらいやったような気がします。デビュー前に入厩してから一度も放牧に出さずにずっと在厩していて、引退レースの有馬記念を勝ったときには肩の荷が下りたね」

いかに緊張の糸が張り詰めていたか。それも今となってはいい思い出だ。

「新型コロナの流行前、海外に行ったときに僕がディープインパクトの調教師と言うと、ビックリされたんだよ(笑)。『なんだ、大したことないな』って言うから、『そうですよ』って。笑い話だね」

猫のようにしなやかで、空を飛ぶように走ると称されたディープインパクトの存在は、海の向こうでも大きな衝撃を与えていた。

ディープインパクトはどんな馬だった？

- **落ち着いた性格で餌の食べ方も上品**
- **猫みたいな皮膚をしている**
- **厩舎に来ていた野良猫と仲良し**

名馬 No.22

ウオッカ

雄大な馬体から繰り出す末脚で牡馬をなで斬り！

桜花賞で2着に負けたウオッカ陣営が、次走に選らんだのはオークスではなく日本ダービー。この英断が見事に実り、クリフジ以来64年ぶりの牝馬ダービー制覇を達成した。

素顔を知る人

岸本教彦 調教助手

1975年5月9日生まれ。滋賀県出身。角居勝彦厩舎時代にはオーストラリア遠征に帯同し、メルボルンCをデルタブルースとポップロックでワンツー・フィニッシュするなど、腕利き調教助手として鳴らす。現在は上村洋行厩舎に所属。

文／大恵陽子

ひ弱な印象だった馬がダービー前にすごい馬に

ウオッカの谷水雄三オーナーは、祇園の高級店でおもむろに財布から1円玉を取り出すと、こう言った。

「2センチってこの1円玉の直径らしいぞ」

ひとり何万円もするであろう高級店で、通貨の最小単位を持ち出したのには理由があった。

それは2008年の天皇賞・秋でのことだ。前年に牝馬として64年ぶりの日本ダービーを制覇したウオッカはその後、一線級の牡馬と戦うことが多くなった。3歳秋こそ出走取消明けのジャパンC4着、有馬記念11着だったが、翌年はこれまでとは打って変わった先行策で安田記念を制覇。秋初戦の毎日王冠2着後に臨んだのが天皇賞・秋だった。

人気は3頭に集中した。1番人気のウオッカ2・7倍に対し、同世代のライバル、ダイワスカーレットが3・6倍、その年のダービー馬ディープスカイが4・1倍と続いた。レースはまさにその3頭の大接戦となる。残り200メートルを過ぎたところで、ウオッカとディープスカイが逃げるダイワスカーレットに一完歩ずつ詰め寄ると、ゴールの瞬間、内のダイワスカーレットと大外ウオッカは鼻面をピタリと合わせてフィニッシュした。軍配はどちらに上がるのか——13分にもわたる長い写真判定の末、勝利の女神はウオッカに微笑んだ。その差、わずか2センチ。

2008年の安田記念で、ウオッカはこれまでとは打って変わった先行策で優勝。この勝利は、日本ダービーの制覇以来、およそ1年ぶりのものとなった。

プロフィール

生年月日	2004年4月4日生まれ
性別	牝馬
毛色	鹿毛
父	タニノギムレット
母	タニノシスター（母父：ルション）
調教師	角居勝彦
馬主	谷水雄三
生産牧場	カントリー牧場（静内）
戦歴	26戦10勝（海外4戦0勝）
主な勝ち鞍	日本ダービー、ジャパンC、天皇賞・秋、安田記念（2回）、ヴィクトリアマイル、阪神JF

レースの軌跡

2006年10月にデビュー。暮れの阪神JFに優勝し、牝馬クラシック戦線の主役に躍り出たが、桜花賞2着後はオークスに進まず、日本ダービーに挑戦し、戦後初となる牝馬優勝を飾った。3歳後半から4歳前半にかけて不振が続いたが、春には安田記念を勝利。秋は天皇賞・秋を制覇し、健在ぶりを見せつけた。翌5歳も好調を維持し、春はヴィクトリアマイルと安田記念を連勝すると、秋にはジャパンCを制覇した。

そう、冒頭の1円玉は明暗を分けた差のことだったのだ。

「谷水オーナーに食事に連れていっていただいたときに、しみじみと話されていたことがすごく思い出に残っています」

断続的ではあるが、ウオッカの調教を担当した岸本教彦は振り返る。

岸本とウオッカの出会いはデビュー前のゲート試験だった。

「実は、そのときのことをまったく覚えていないんです。担当者によると『ひ弱でまだまだこれからやで』というようなことを喋っていたようなんですけどね」

しかし、日本ダービー直前に調教師の角居勝彦の指示で、調教担当が岸本に替わった。久しぶりに跨ると「うわっ、いい馬やな」と感じた。その日本ダービーの発走は、2レース後の目黒記念に出走するポップロックを岸本が曳いて装鞍所に向かう地下馬道を歩いている最中。

「わ～っていう歓声が聞こえてきたので、何かあったのかと聞くと、『ウオッカが勝ちました』と。すごいな、と思いました」

やや他人事のようなその感情は、あくまでも代打で調教に騎乗した立場だからであった。

短距離馬になっていてもおかしくなかった

ところがその2年後、岸本は感極まって涙を流すこととなる。それは天皇賞・

同期のライバル・ダイワスカーレットとの最高の名勝負といえば、2008年の天皇賞・秋。逃げるダイワと差すウオッカ。最後は同着かと思えたが、長い写真判定の末、軍配はウオッカに上がった。

写真／JRA

秋の勝利の翌秋。毎日王冠、天皇賞・秋と惜敗続きで臨んだジャパンCだった。

「それまで勝てへんかったからね」

再び調教を担当することになった岸本は、試行錯誤を繰り返しながら、ウオッカと向き合っていた。

「本質はマイラーで引っかかるのが課題でした。1200メートルでもトップスタートを切れそうなくらいの馬だったので、馬に携わる一般的な人なら、1200メートルや1600メートルの馬にしちゃったんじゃないかなと思います。それを2400メートルでもつようにしたのは角居さんのすごさでしょうね」

その指揮官から岸本に細かな指示はなかった。ただ「任せる」と言われただけだったため、彼独特の感性で調教を行った。では、具体的にどういう点に留意したのだろうか。

「ハミ受けですね。調教でふんわり乗ってレースで引っかかっては意味がないので、調教では乗っている人が抑えるのがしんどいくらいでも、レースは流れの中で我慢できるようになればいい、というイメージです。経験からの感覚なので、言葉にするのは難しいんですけど」

また、あえてゆっくりしたペースでのキャンターも取り入れた。

「馬術での動きを競走馬でも取り入れようと、左右のバランス確認など基本的なことを求めました」

ウオッカと厩舎スタッフの頑張りに対し、指揮官も勝負に徹した。この年3月のドバイ以降、継続騎乗していた武豊騎手から、ジャパンCでC・ルメール騎手に騎手を変更したのだ。

背水の陣で臨んだ一戦は、先に抜け出したウオッカに菊花賞馬オウケンブルースリが詰め寄る。ゴールの瞬間はまたしても鼻面を合わせる格好になり、ウオッカはハナ差で勝った。しかもその着差はまたしても2センチだった。

「持っていた馬だったんでしょうね」

勝利を手にしてプレッシャーから解放された岸本の元に、親交の深い新聞記者が泣きながら祝福しにきてくれた。肩の

2009年のジャパンCもしびれる大接戦。早めに抜け出したウオッカに迫るオウケンブルースリ。最後はハナ差でウオッカの勝利。ウオッカはレース中に鼻出血を発症していた。

荷が下りた安堵感と相まって、込み上げてくるものがあった。

「今思い出してもジーンときます」

こうしてＧＩ７勝目を手にしたウオッカだったが、レース後に鼻出血が判明。１カ月間の出走停止のため、有馬記念など年内は出走不可となった。年が明けてドバイに渡ったが、レース後に再び鼻出血を発症。帰国の途に就くことなく、そのままアイルランドに渡り、繁殖生活を送ることとなった。

どのタイミングで繁殖入りさせるか、かねてより陣営も考えていたそうだ。

「あるとき、東京から同じ新幹線で谷水オーナーと帰ったことがあって、ポツンと言ったことがあるんです。『お母ちゃんになりたがっているのかもしれません』と。谷水オーナーも引退についてはとても考えてくださっていたようでした」

調教担当というのは、ブラッシングしたりカイバを与えたり、普段の世話をする担当者とは違った関わり方をする。対アスリートとしての接し方が色濃くなるのだが、繁殖入りが決まったウオッカと岸本の最後の時間は少しだけ異なった。

「出国前検疫からウオッカと２人で過ごす時間が長かったので、『今何を考えているのかな』というのが少しわかるようになりました。一緒に写った最後の写真は、ウオッカが草を食べながらリラックスしているものです」

横には曳手を持ち、優しい眼差しで見つめる岸本がいた。ほどなくして岸本が先に帰国。その後にウオッカはアイルランドへと渡り、母となった。そして、２０１９年に永眠した。


ウオッカはどんな馬だった？

- **デビュー前はひ弱**
- **本質はマイラーで引っかかるのが課題だった**
- **超ハナ差でのGI２勝と〝持っていた〟馬**

2007年の桜花賞。ダイワスカーレットは大外から好位をキープ。直線は外にウオッカを見ながら、じっくりと追い出して先頭に立つと、そのまま1着でゴールイン。

走れば風が駆け抜ける！ 快速の天才お嬢様
ダイワスカーレット

素顔を知る人
安藤勝己
元騎手

<プロフィールは80頁を参照>
デビュー前、初めにダイワスカーレットの調教に乗っていたのは武豊騎手だったが、デビュー戦は別の馬の先約があり、その手綱は安藤勝己騎手へ。以降、引退までの12戦すべてに安藤勝己騎手が騎乗した。

文／小川隆行

走る気マンマン 気持ちが前向き過ぎ

桜花賞と秋華賞、そして有馬記念などGIを4勝した名牝ダイワスカーレット。牝馬ながら逃げ脚は強烈で、ウオッカとの名勝負となった天皇賞・秋を筆頭に、数多くの名勝負を繰り広げてきた。通算12戦して8勝2着4回。全レースで連対を果たした名牝中の名牝について、全レースに騎乗した安藤勝己は、

「勝ち気が強く、走る気が満々だった。レースも調教も抑えるのに苦労した。デビュー前から気が前向き過ぎて、短い距離の方が確実に乗りやすいと。強いのはわかっていたので距離と折り合いを重視、位置はどこでもいいのでとにかく我慢させたかった。残り1000メートルくらいになると馬が行く気になる。下げられる馬に育てたかったけど…」

と振り返る。

2000メートルの新馬戦と1800メートルの中京2歳Sとも2番手からの競馬で連勝。安藤は、

「レース途中で我慢できず上がっていった。調教に騎乗したユタカちゃんも短い方がいい、と言っていた」

3戦目は1600メートルのシンザン記念に出走し、アドマイヤオーラの2着。クラシックを目指す牝馬にしては珍しい距離短縮。続くチューリップ賞でもハナを切り、後方から差してきたウオッカの2着に敗れた。だが、次走の桜花賞は安藤の手綱さばきが実に見事だった。大外

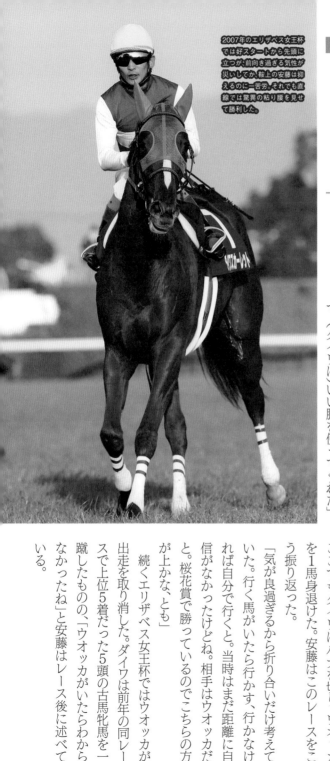

2007年のエリザベス女王杯では好スタートから先頭に立つが、前向き過ぎる気性が災いしてか、鞍上の安藤は抑えるのに一苦労。それでも直線では驚異の粘り腰を見せて勝利した。

プロフィール

生年月日	2004年5月13日生まれ
性別	牝馬
毛色	栗毛
父	アグネスタキオン
母	スカーレットブーケ（母父：ノーザンテースト）
調教師	松田国英
馬主	大城敬三
生産牧場	社台ファーム（千歳）
戦歴	12戦8勝
主な勝ち鞍	桜花賞、秋華賞、エリザベス女王杯、有馬記念

レースの軌跡

2006年11月にデビュー。2戦2勝で3歳を迎えると、シンザン記念、チューリップ賞を連続2着し、桜花賞に出走。ダントツ1番人気のウオッカを破り優勝を果たす。オークスは熱発で回避すると放牧に出され、秋には秋華賞とエリザベス女王杯を連勝する。4歳時は3戦のみの出走だったが、天皇賞・秋ではウオッカと歴史に残る激闘を演じ、有馬記念では逃げて快勝。生涯連対率100%で現役を終えた。

を引いた同馬は3番手につけて4コーナーを回ると、直線でウオッカとのマッチレース。長くいい脚を使い、ウオッカに抜かせなかった。

「瞬発力勝負では劣ると感じていたので、早めに動く競馬をしようと。ウオッカが後ろに来ているのも見えてた。勝った、と感じた直後にまたウオッカの頭が見えて。（ダイワは）いい脚を使ってくれた」

並ばれる前に早めに動いての持続力勝負。2頭の上がり3ハロンは33秒6と同タイム。1馬身半の差を保ったままダイワスカーレットを勝利に導いた。

その後、ダイワは感冒でオークスを回避。対してウオッカはダービーに出走し牡馬を破った。ひと夏を越して、秋初戦のローズSを制したダイワは秋華賞へ。ここでもダイワはハナを切り、ウオッカを1馬身退けた。安藤はこのレースをこう振り返った。

「気が良過ぎるから折り合いだけ考えていた。行く馬がいたら行かす、行かなければ自分で行くと。当時はまだ距離に自信がなかったけどね。相手はウオッカだと。桜花賞で勝っているのでこちらの方が上かな、とも」

続くエリザベス女王杯ではウオッカが出走を取り消した。ダイワは前年の同レースで上位5着だった5頭の古馬牝馬を一蹴したものの、「ウオッカがいたらわからなかったね」と安藤はレース後に述べている。

秋華賞はダービーを勝ったウオッカとの再戦だったが、結果はダイワスカーレットの完勝。2番手から直線入り口で先頭に立つと、33秒台の上がりでそのまま押し切った。

次走の有馬記念では、安藤のお手馬であり、サンデーサイレンスを父に持つ半兄ダイワメジャーも出走したが、安藤は妹への騎乗を選択。中山芝2500メートルの舞台が合っているとは思っていなかったそうだが、

「この馬の手綱は誰にも渡したくなかった」

と振り返る。

スタート後、ハナを切ったチョウサンを2番手で追走。4コーナーでは同馬を交わして先頭に立った。しかし、コーナー直前で後方をチラ見した安藤の内を「中山の鬼」マツリダゴッホが突き、長くいい脚を使って先頭ゴール。ダイワは2着に敗れたものの、JRA賞の最優秀3歳牝馬に選ばれた。ダービー馬のウオッカを大きく上回る得票数だった。

どちらが勝ったかわからない！ 判定が13分にも及んだ名勝負

4歳になるとドバイを目指し、ダートのフェブラリーSに出走予定だったが、アクシデントが発生。坂路での調教中にウッドチップが目に飛び込んだことで同レースを回避することになった。始動戦の大阪杯を勝ったものの、激走した影響で今度は脚が腫れてしまう。調教ができない状況となり、半年後、天皇賞・秋にぶっつけで参戦した。

相手はライバルのウオッカを筆頭に、同年のダービー馬ディープスカイなど豪華メンバーが揃った。ダイワは、久々のレースがうれしかったのか、安藤は「地下馬道でぶっ放した」と言う。それほど走る気満々だったダイワの前半1000メートル通過は58秒7。かなりのハイペースだったが、それでもスピードを緩めなかった。このとき鞍上の安藤は「抑え切れない」と感じ、ペースを落とすことなく走り切った。そしてゴール直前、追い込んできたウオッカとの着差はわずか2センチだった。

安藤に「勝ったと思いましたか?」と聞くと、

結果的にダイワスカーレットの最後のレースとなった2008年の有馬記念。スタートから先頭に立つと、どの馬にも並ばれることなく、鮮やかな逃げ切り勝ちを決めた。

「思わなかった。ユタカちゃんも手を挙げてなかったね」

対する武豊も勝利を確信できず、ウイニングランをせずに引き揚げていた。検量室にあるホワイトボードの1着欄（暫定着順）には「7」（＝ダイワスカーレット）の数字が示されていた。

13分にも及ぶ写真判定の末、掲示板の一番上に映し出された馬番は「14」（＝ウオッカ）。競馬史に刻まれる名勝負について、安藤は「下手に乗った」と振り返る。

「あんなチグハグなレースでよくもってくれた。とにかく尋常な馬ではない」

と愛馬の能力に驚愕しつつ、

「調教がまともにできず、ゲートを出ると暴走気味。一番ひどいレースだった」

結果、ウオッカとの対戦成績は2勝2敗とまったくの互角。ウオッカはGI7勝を挙げたが、ダイワも互角かそれ以上に強いと感じたのが、ラストレースの有馬記念である。ファン投票1位のウオッカはレースに参戦せず、1番人気になったダイワがハナを切って悠々と逃げ切ってみせた。「天皇賞・秋であの馬の力を再認識した」と語る安藤の見事な手綱でGI4勝目を挙げた。

安藤が制したJRA重賞81勝のうち、中山芝での勝利は、この有馬記念だけである。騎手としての通算勝利数を見ても、京都344勝、阪神285勝に対して中山はわずか50勝に過ぎない。「自分の中で苦手意識があった」と振り返る安藤だが、天才騎手に唯一の中山GI勝利をもたらした名牝のラストラン。その美しい栗毛の馬体と、アンカツのガッツポーズが印象的だった。

ダイワスカーレットはどんな馬だった？

- **なだめるのに苦労するほど走りたがる**
- **チグハグなレースでもへこたれない**
- **抑え切れなくても走り切る根性娘**

個性派名馬列伝②

砂で残した最大級の衝撃

クロフネ

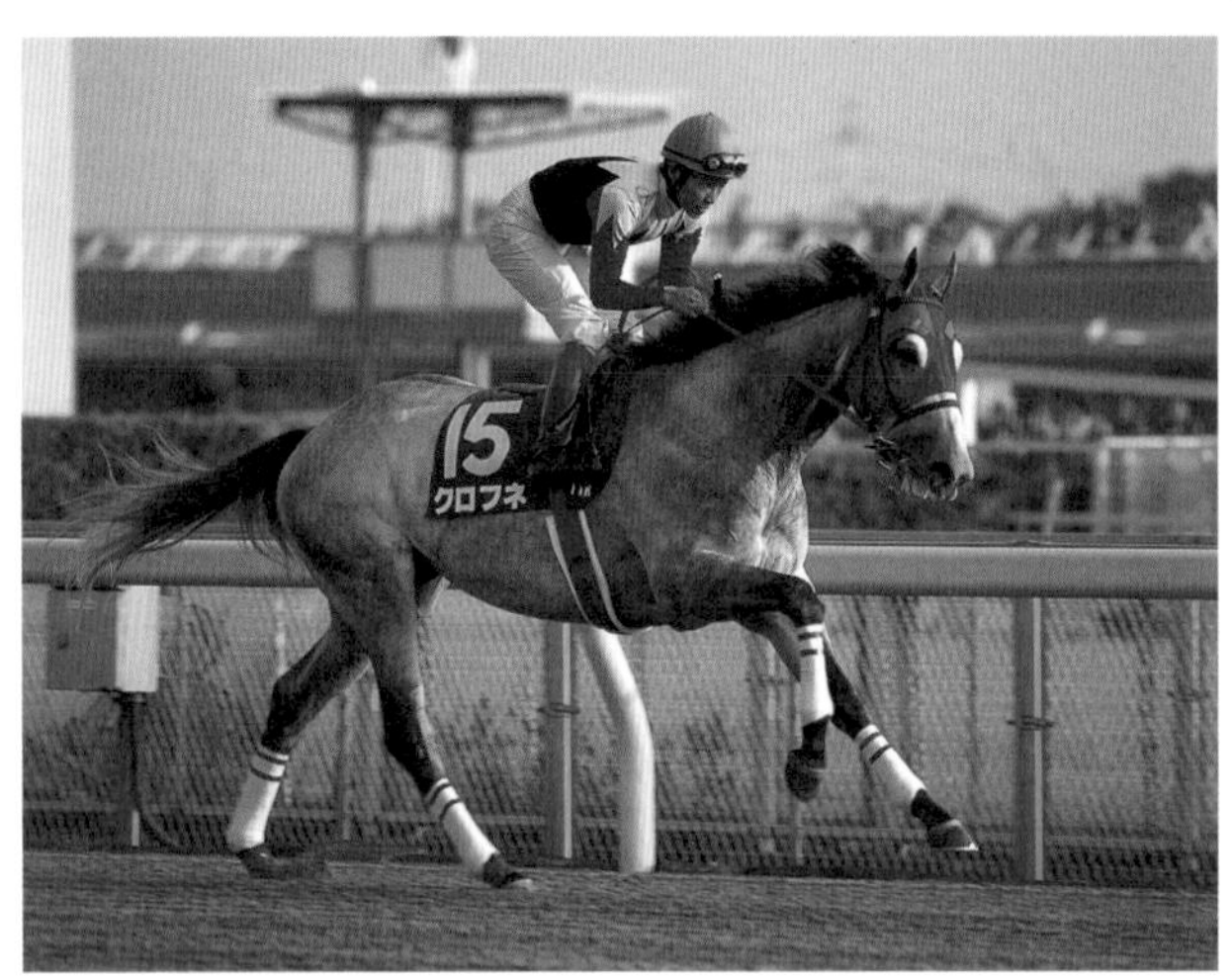

プロフィール	
生年月日	1998年3月31日生まれ
性別	牡馬
毛色	芦毛
父	フレンチデピュティ
母	ブルーアヴェニュー（母父：クラシックゴーゴー）
調教師	松田国英
馬主	金子真人
生産牧場	ニコラス・M・ロッツ（米国）
戦歴	10戦6勝
主な勝ち鞍	NHKマイルC、ジャパンCダート

名は体を表すというが、2001年のクロフネはまさにそう。黒船来航で江戸時代の人々が驚いたように、当時の競馬ファンもクロフネに大きな衝撃を受けた。

アメリカ産だった本馬はとにかく完歩が大きく、スピードが出ているように見えないのに他馬を引き離していく独特な走りをした。器用さはないが、馬力がケタ違いの、まさに「ザ・アメ車」である。

2001年は外国産馬に日本ダービーが門戸を開いた開放元年。出走したクロフネは大きな注目を集め、1番人気に推されたが5着。秋に入って仕切り直しとなった神戸新聞杯でも3着。挙句には出走を希望していた天皇賞・秋さえも外国産馬枠の制限の関係で出られなくなってしまった。そういった経緯があり、陣営はダート転向に活路を見い出した。

この転向は苦肉の策だと思えたが、ダートGⅢの武蔵野Sに出走したクロフネは、2着に1秒4差をつける圧勝。ゆっくり走っているのに、他馬がどんどん離されていく光景を見て、ファンは度肝を抜かれた。続くジャパンCダートは後方からの競馬。2コーナーから徐々に他馬を抜き、4コーナーで先頭に立つと、またもや2着に1秒1差をつける大差勝ち。どちらのレースも従来の記録を1秒以上縮める大レコード。次元の違う走りとはまさにこのことで、当日の東京競馬場では別の馬を応援している人でさえ感嘆し、拍手をしてしまうほどだった。

このクロフネのダート1600・2100メートルの日本レコードはいまだ（2023年10月末現在）に破られてはいない。

第3章
2010年から2023年までに活躍した名馬

アパパネ
オルフェーヴル
ロードカナロア
ゴールドシップ
ジェンティルドンナ
キズナ
オジュウチョウサン
キタサンブラック
アーモンドアイ
コントレイル
デアリングタクト
ソダシ
イクイノックス

ステップレースのチューリップ賞こそ2着に惜敗したものの、本番での桜花賞では自慢の勝負根性をいかんなく発揮して優勝した。

名馬 No.24

強い牝馬の時代を継承した三冠牝馬

アパパネ

素顔を知る人

国枝栄 調教師

1955年4月14日生まれ。岐阜県出身。1989年に調教師免許を取得し、翌年に厩舎を開業。管理馬のブラックホークで重賞初制覇とGI初制覇を飾る。その後も多くの名馬を管理し、アパパネとアーモンドアイで牝馬三冠を二度制覇した。2022年にはJRA通算1000勝も達成した名伯楽。

文／和田章郎

成長して体型も気性も どんどん変わっていった

ウオッカが牝馬として64年ぶりに日本ダービーを制した2007年。牝馬三冠馬となるアパパネは生を受けた。

ウオッカは古馬になってからも、牡馬相手にGIを4勝し、同期のダイワスカーレットと共に、後の〝強い牝馬の時代〟の先鞭をつけた1頭だが、アパパネはその潮流の中で登場した「最初の三冠牝馬」ということになる。

ただし、メジロラモーヌ、スティルインラブの先輩2頭とも、ジェンティルドンナ、アーモンドアイ、デアリングタクト、そしてリバティアイランドとも、少しタイプは違う。他の三冠牝馬たちは、〝牝馬特有〟とされる切れ味を武器としていたが、アパパネはデビュー当初から持続力のある末脚と勝負根性が武器のため、いま一つ地味な印象が強い。それは単勝人気がハッキリ証明している。他の三冠牝馬たちは初戦から1番人気の支持を受けた馬が5頭。デアリングタクトは4戦目のオークス時が初の1番人気で、史上最少キャリアの3戦目で桜花賞を制した馬だから異例中の異例だが、アパパネが初めて1番人気になったのは、何と5戦目である。

管理した国枝栄もアパパネの異質ぶりを、気性面も補足しながらこう語る。

「最初の頃はコロンとした体型で、調教では動きも時計も目立たなかった。気性もうるさいところはなく、オットリしていたし。アーモンドアイも普段は大人し

オークスを同着ながら勝って二冠達成。三冠のリーチがかかった秋華賞では、直線大外からスパートして快勝。見事三冠牝馬の仲間入りを果たした。

プロフィール

生年月日	2007年4月20日生まれ
性別	牝馬
毛色	鹿毛
父	キングカメハメハ
母	ソルティビッド（母父：ソルトレイク）
調教師	国枝栄
馬主	金子真人ホールディングス
生産牧場	ノーザンファーム（早来）
戦歴	19戦7勝（海外1戦0勝）
主な勝ち鞍	阪神JF、桜花賞、オークス、秋華賞、ヴィクトリアマイル

レースの軌跡

2009年7月にデビュー。2戦目の未勝利戦を勝ち上がると3連勝で阪神JFを制した。3歳初戦はチューリップ賞で2着に惜敗したが桜花賞を優勝。続くオークスは距離不安も囁かれながら、1着同着で二冠を達成する。秋はローズSをステップに秋華賞を制覇し、見事三冠を達成。4歳以降のGⅠ勝利はヴィクトリアマイルの1勝のみだったが、エリザベス女王杯ではイギリスの女傑スノーフェアリーと好勝負を演じるなど、三冠牝馬の意地を見せた。

かったけど、ちょっと何かあったときはビックリするような暴れ方をした。でもアパパネはそんなところもなかったもの」

また、2頭の三冠牝馬を育てた国枝ならではの興味深い話もある。

「能力の絶対値だけをいうなら、それはアーモンドの方が上なんだよ。だけどアパパネはその時々で良くなっていった。体型だって古馬になってから逞しさを増して、使う脚も変わっていったよね。変わったといえば気性もそうで、次第に〝私が一番〟みたいな態度をとるようになっていったんだ。関西の競馬のときは栗東に入厩して使ってた頃だったけど、どっしりと構えるようになっていった。また面白いと思うのは、アパパネは子供にもそうした性格の馬が多いこと。ウチに入ったモクレレとか、他厩舎に入った馬も、よく見ていると我が強い感じの馬が少なくないように思う。産駒の中では、今のところアカイトリノムスメが出世頭になるのかな。でも、牡馬だって期待ほどではないにしても、コンスタントに走る仔を出している。これもすごいことだと思う」

先輩のメジロラモーヌとスティルインラブがそうだったように〝三冠牝馬は古馬になって勝てない〟といわれたものだった。しかしアパパネは三冠達成の翌年にヴィクトリアマイルを制して、そのジンクスを破った。そしてアパパネが引退した年に三冠牝馬となるジェンティルドンナが登場、そして2018年のアーモンドアイへと繋がっていく。

アパパネは、〝強い牝馬の時代〟を決定づける重要な役を担った牝馬三冠馬だったといえるだろう。

アパパネはどんな馬だった？

- **最初は調教でも目立たない馬だった**
- **うるさくなくオットリした性格**
- **次第に「私が一番」という態度をとるように**

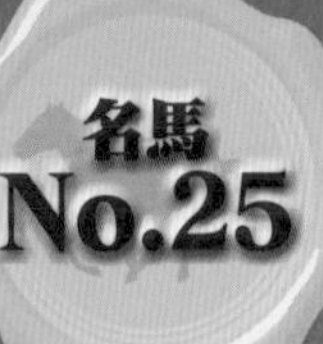

歴代最強の呼び声高い異端児
オルフェーヴル

雨が降りしきる中で行われた2011年の日本ダービー。オルフェーヴルは道中後方待機。直線では不良馬場をまったく苦にせず豪快に伸びて勝利。二冠を達成した。

素顔を知る人
森澤光晴調教助手

1975年2月4日生まれ。兵庫県出身。父は園田・姫路競馬で数々の記録を打ち立てた森澤憲一郎調教師（引退）で、兄は同地で開業する森澤友貴調教師。小学校低学年の頃から父の厩舎で競走馬と接し、父の厩舎で勤務後、牧場やJRA競馬学校を経て池江泰寿厩舎に所属。

文／大恵陽子

新馬戦からもう俺様態度が全開！

オルフェーヴルはもっとも破天荒な三冠馬だった。新馬戦や菊花賞ではゴール直後に騎手を振り落とし、阪神大賞典では3コーナーで逸走しながらも再加速して2着まで猛追。そんな俺様キャラが魅力的で、時に強さを引き立たせた。

厩舎でもそのキャラは健在だった。二人三脚で歩んできた調教助手の森澤光晴はこう振り返る。

「唯我独尊で、朝も午後からの手入れ時も、馬房から出るのは自分が最初じゃなければ怒っていました。だから、ほかの人より30分早く行って、厩舎で一番に出すようにしていました。でも、機嫌が悪いと無口がつけられないんです」

無口とは馬の顔につけるハミのついていない頭絡のこと。そこに曳手をつけるため、馬を馬房から出すときには必要になる馬具だ。

「馬房で捕まえようとすると、逃げる、立ち上がる、叩きにくる、蹴る。自分のペースを崩されると機嫌が悪くて、とにかく待つしかありませんでした。甘いものが好きで、燕麦に糖蜜がコーティングされたエサが大好物だったので『どうぞ、どうぞ』と差し出して機嫌が良くなったところで『すみません、失礼します』『はい、無口いきまーす』って声をかけて、何とかつけていました」

俺様オルフェーヴル相手に、もはや敬語である。

三冠がかかった菊花賞。坂の下りを抜群の手応えで進み直線で抜け出すと、ラストは流す余裕を見せながら快勝。本当に強いのひと言。

プロフィール

生年月日	2008年5月14日生まれ
性別	牡馬
毛色	栗毛
父	ステイゴールド
母	オリエンタルアート（母父：メジロマックイーン）
調教師	池江泰寿
馬主	サンデーレーシング
生産牧場	社台コーポレーション白老ファーム（白老）
戦歴	21戦12勝（海外4戦2勝）
主な勝ち鞍	皐月賞、日本ダービー、菊花賞、有馬記念（2回）、宝塚記念

レースの軌跡

2010年8月にデビュー。3歳のきさらぎ賞まで善戦はするものの新馬勝ちのみの1勝馬だったが、次走のスプリングSから覚醒。皐月賞、日本ダービーを圧倒的な強さで連勝すると、秋には菊花賞も圧勝して三冠達成。年末には有馬記念も制して年度代表馬に輝く。その後、阪神大賞典での逸走など話題に事欠かなかったが、凱旋門賞では勝ちに等しい2着と、5歳で引退するまで、誰もが認める最強馬としてターフに君臨した。

「日本ダービーを勝った後くらいから自信に満ち溢れていて『あれ？　なんか周りの態度が変わってきたな。俺、持ち上げられている？』みたいに感じていたんじゃないかなと思います。僕も『お前は偉い』というふうに接していました」

しかしながら、最初からここまで俺様気質だったわけではない。

「デビュー前に入厩してから1カ月くらいは周りの様子をうかがいつつ、大人しくしていました。今思えば本心じゃなかったんでしょうね。それがゲート試験に受かって、追い切りをやり始めたくらいから変わっていきました」

徐々に俺様を出し始めたオルフェーヴルは、新馬戦で全開となる。

「装鞍所で暴れて、なかなか鞍をつけられませんでした。パドックではお客さんの前を通るとき、怖いのか嫌なのか、僕の方にグイグイ寄ってきて、踏まれた靴が脱げて、Uターンして取りに戻りました（苦笑）」

それまで、全兄ドリームジャーニーに比べて優等生だと感じていた調教師の池江泰寿もその様子を見て急遽、一緒にパドックを曳いた。

「夏の新潟で、パンツまでずぶ濡れになるくらい汗びっしょりになりました」

ようやくのことでレースに送り出した陣営だったが、そんな人間の苦労はどこ吹く風。オルフェーヴルはデビュー戦を快勝した。ところが、レース中にハミ環

前走の天皇賞・春で不本意な敗戦を喫した次戦、宝塚記念は後方からレースを進め、直線は空いた内めを抜け出し勝利。前走惨敗の借りをきっちり返した。

が口の中に入って制御不能になり、ゴール後は外ラチにぶつかっていく形で落馬。馬運車で運ばれていき、優勝馬が行う口取り撮影は取りやめとなった。後の三冠馬の初勝利の記念撮影は、幻と化したのだった。その後も山あり谷ありだったのは想像に難くない。

人にケガをさせても自分はケガをしない

「馬房も洗い場も定位置がありました。馬房は調教師室に近い方から3番目。一度、工事か何かで騒音がうるさいときがあって、池江先生の配慮で馬房を移したところ、発狂して大変でした。それ以来、馬房は必ず同じ場所で、放牧から帰厩するときに他の馬がそこに入っていると、『すみません、オルフェが帰ってきます』とお願いして空けてもらっていました。洗い場は後ろに壁がない側の一番馬房寄りにしか入りたがりません。『俺に触るな』という感じで、ブラッシングは最小限。洗い場でも噛むし、前脚で叩くし、後ろ脚は飛んでくるわ、立ち上がるわ。普通の馬は予兆というか、モーションがあってから脚が飛んできますが、オルフェはノーモーション。運動神経がすごいので、すべての動きと瞬発力が速かったです」

咄嗟のパンチを避け続けた森澤は「僕も鍛えられました（苦笑）」と、体じゅうにアザを作りながら対処した。

「人にケガをさせることはあっても、オルフェ自身はケガをしませんでした。きっとわかってやっていましたね。菊花賞のレース後に池添謙一騎手を振り落としたときも『落としたった』みたいな感じだと思います。あのとき、スタート地点から検量室に戻るバスに乗っていたんですけど、『ちょっと止めてください』とバスを降りて走っていきました。『勝ったのに、なんで走っているんやろう？』と思いながら（苦笑）。放馬もケガもしなくてよかったです。やっぱり自分はケガしないあたり、わかっているんですよ」

そんな俺様オルフェーヴルも機嫌のい

最強の最強たるゆえんはここにあり！　凱旋門賞で惜敗した後の一戦は、まさにこの馬の独壇場。鞍上が主戦の池添に戻り、気持ちよさそうに悠々と中山のターフを駆け抜けた。

いときが二度あった。調教で走っているときと、凱旋門賞に向けたフランス滞在中だ。

「走るのが好きなので、調教はたぶん好きだったと思います。『早く行かせろ』という感じで力強いので、坂路ではオーバーワークにならないように頑張って抑えていました。フランスでは栗東トレセンよりはるかに静かな環境で、リラックスしていました。ずっとご機嫌でしたよ。馬房でも捕まえやすかったですし、滞在していた小林智厩舎の馬は早い時間に調教に出ていたんですけど、自分より先に馬房から出る馬がいてもそんなに怒っていませんでした。なぜか知らないですけど、紳士的になっていました」

こうしたオルフェーヴルとの3年強にわたる日々も今では懐かしい。

「寝ているときは可愛い顔をしていましたし、乗った感触から能力のすごさを感じました。オルフェの子供のことはみんなファンで、未勝利の馬でもレースを見ます。オルフェ産駒で初めて担当したのがサトノドルチェという馬だったんですけど、暴れるのを見ながら『親父っぽくて可愛いな』と思いました。また産駒を担当したいですね」

父そっくりの俺様キャラだったらどうしますか？　と聞いたら、満面の笑みでこう答えた。

「走ってくれるなら、いくらでも苦労させてもらいます」

俺様オルフェーヴルと穏やかな森澤は、磁石のようにプラスとマイナスが上手くマッチしていたのだろう。産駒でもまたそんな日が来るかもしれない。

オルフェーヴルはどんな馬だった？

- **自分のペースを崩されると機嫌が悪い**
- **馬房も洗い場も定位置を決めている**
- **ノーモーションで脚が飛んでくる**

ロードカナロア

世界を驚愕させたケタ違いのスピードと爆発力

2012年のスプリンターズS。ロードカナロアは道中で同厩のカレンチャンをマーク。直線で早めに先頭に立った相手を坂を上がったところで交わし、GＩ初勝利を飾った。

文／大恵陽子

素顔を知る人

安田翔伍調教師

1982年7月8日生まれ。滋賀県出身。JRAの元騎手である安田隆行調教師の次男。2003年から父の厩舎の厩務員、助手となり、カレンチャンやロードカナロアといった名短距離馬を担当。2016年に調教師免許を取得し、2018年に厩舎を開業。開業から約半年で重賞初制覇を果たした。

香港遠征の活躍の陰にカレンチャンあり!?

愛の結晶ならぬ、友情の結晶だったかもしれない。同厩舎にして短距離界でしのぎを削ったカレンチャンとの間に生まれたカレンモエのことだ。母カレンチャンは2011年スプリンターズS、翌年の高松宮記念とGＩ2勝を挙げ、1歳下の父ロードカナロアは、日本馬初の香港スプリント連覇などGＩ6勝。2頭は同じ栗東・安田隆行厩舎の所属馬だった。

当時、同厩舎で調教助手として携わり、現在は調教師として活躍している安田翔伍は、2頭の仲をこう話す。

「どっしりしていたカレンチャンに対して、カナロアは1頭になると寂しくなる面がありました。初めて香港に遠征したときもそうでした」

2012年12月。その年のスプリンターズSをカレンチャンとワンツーフィニッシュでGＩ初制覇を果たしたロードカナロアは、スプリントの強豪が集う香港へ渡った。かの地ではエイシンプレストンやステイゴールドをはじめ、数々の日本馬が勝利を挙げていたが、いずれも中距離戦での話。短距離戦となると、香港やオーストラリアの馬が格段に強く、高い壁が立ちはだかっていた。

「香港への飛行機では、馬運車よりも少し広いコンテナに馬を積むんですが、カレンチャンと一緒のコンテナになるよう申請をしたら『男女一緒はあまりない例。もし馬っ気を出して手に負えなくなった

堅実ながらＧＩの頂になかなか届かなかったロードカナロア。4歳秋にスプリンターズSを勝ち、ここからいよいよ世界の舞台へと飛び出していく。

プロフィール

生年月日	2008 年 3 月 11 日生まれ
性別	牡馬
毛色	鹿毛
父	キングカメハメハ
母	レディブラッサム（母父：ストームキャット）
調教師	安田隆行
馬主	ロードホースクラブ
生産牧場	ケイアイファーム（日高）
戦歴	19 戦 13 勝（海外 2 戦 2 勝）
主な勝ち鞍	スプリンターズ S（2 回）、高松宮記念、安田記念、香港スプリント（2 回）

レースの軌跡

2010年12月にデビュー。下級条件から順調に出世を重ね、初ＧＩ出走は4歳春。高松宮記念に出走し、1番人気の支持を受けながら3着に惜敗する。本格化したのは4歳秋以降で、スプリンターズSから翌年の安田記念まで5連勝。そのうちＧＩは海外を含めて4勝と、国内外で圧倒的な強さを見せつけた。5歳秋にはスプリンターズSを連覇し、さらに香港スプリントも連覇。その強さは世界のホースマンを驚かせた。

場合、最悪の事態まであり得る』と止められました。でも、カナロアなら大丈夫だろうと思い、同じコンテナにしたところ、不安がるカナロアを横目に、カレンチャンはどっしりしたもので、自分の乾し草を食べ終えると『食べないなら私がもらうわよ？』という感じでカナロアの分を横取りしていました」

すっかり姉さん女房の風情だ。香港に到着後も、カナロアはカレンチャンを頼りっ放しになる。それは、調教後にシャワーで馬体を洗ってもらったときのこと。香港では洗い場が1カ所しかなく、先にシャワーを終えたカナロアを馬房に入れると、鳴いて汗だくになってしまった。

「1頭になるのが嫌だったのかもしれないです。元々、デビュー前も臆病な面があって、地下馬道で他の馬が暴れたのを怖がって真上にジャンプして、僕が落とされたことも二度ありました。だから、香港ではカレンチャンのシャワー中はカナロアを前に立たせて、終わるとカレンチャンを馬房に帰らせずカナロアの前に立たせていました。馬房は向かい合わせだったので、大丈夫。一緒の馬房でもいけたんじゃないかってくらいです」

カレンチャンの内助の功があり、カナロアは情緒不安定に陥ることなく、レースを迎えられた。そして、難攻不落とされた香港スプリントを制覇したのだった。

さらに、カレンチャンの支えはレース前だけに留まらなかった。実はレース後、

前年暮れにスプリントの強豪ひしめく香港でスプリント戦を勝ち、翌年の国内ＧⅠ初戦となった高松宮記念。直線はすばらしい脚で、まさに貫禄の勝利。

あるアクシデントがカナロアを襲っていたのだ。

「レース後に検体採取所に行くと、脚を浮かして曳いている僕の方に寄りかかってきました。寝転ぼうとするので、これはただの骨折じゃない、と感じました。もしかしたら、最悪の事態まであるかもしれない、と。すぐに獣医が駆けつけて診てもらうと、熱中症。12月でも香港は暑くて20℃くらいあったんです。水をかけて補液をして1時間くらいすると元気になってくれました。身体が楽になったカナロアは、その途端に自分がひとりぼっちだということに気づいてワンワン泣き始めたんです。すると、検体採取所を出たところでカレンチャンが待ってくれていて、その姿を見た瞬間、カナロアからふっと気負いが抜けていきました」

安田は「1頭になるのが寂しいだけで、もしかしたらカレンチャンじゃなくてもよかったのかもしれないですけど」と話すが、カナロアの活躍を陰で支えた1頭には違いないだろう。

精神的にも成長し世界のロードカナロアへ！

この香港遠征をきっかけに、帰国後はどっしりと構えられるようになった。栗東トレセンでは安田が馬房前を通ると、すぐさま目を合わせ「ちょっと待て。構ってから行けよ」とでも言いたそうに顔を出してきたという。そんな愛嬌は変わらず、カレンチャン引退後の2回目の香港では1頭でも寂しがらずに過ごせた。

「むしろ、そろそろスイッチが入ってくれないと競馬に影響があるよ、というくらいのんびりしていて。環境が変わって気が入り過ぎることはよくありますが、カナロアのように気が抜けたままというのはなかなかありません。前年のことがあったので、僕たちもカツカツにし過ぎないよう調教をしていましたが、栗東にいるときと変わらなかったので、急きょ最終追い切りの内容を変更しました」

当初は馬なりで軽めの予定だったが、安田は向正面に行くまでの仕草から「しっ

スプリント王・ロードカナロアが、安田記念で3歳1月以来のマイルに挑戦。戦前は距離不安も囁かれたが、世界のロードカナロアに距離の壁はなかった。

かり追い切らないと、レースで後手に回る恐れがある」と馬上で感じ、強めの追い切りに切り替えた。すると、レース前日に再びコースで騎乗したところ、完全に競馬モードに入っていた。当時、現地メディアのインタビューに、安田はこう答えている。

「5馬身くらい離して勝つんじゃないでしょうか」

多少のリップサービスも含んでいたようだが、それは現実のものとなる。

連覇をかけて挑んだ香港スプリントで中団前めから運ぶと、直線で力強く抜け出し、2着ソールパワーにまさに5馬身差をつけて圧勝したのだ。小差になりやすい1200メートル戦では圧勝といえる差だった。

このレースを最後に「世界のロードカナロア」は引退。種牡馬入りした。

種付け初年度は254頭もの繁殖牝馬が集まった。2世代目はさらに22頭多く、その中の1頭がカレンチャンだった。同じ厩舎で過ごし、1回目の香港遠征を支え続けてくれた姉さんが、正真正銘の〝姉さん女房〟となったのだ。

安田は冗談交じりにこう笑う。

「カレンチャンが無事に受胎したと聞いて、カナロアもちゃんと男としての役割を果たせたんだ、と安心しました。現役時代は牝馬に興味を示しませんでしたし、カレンチャンとは同じコンテナに何時間も乗っていたのに馬っ気を出しませんでしたからね」

そんな心配をよそに、カレンモエと名づけられた友情の結晶は、両親と同じ安田隆行厩舎でオープン馬まで上り詰めた。

ロードカナロアはどんな馬だった？

- **デビュー前は臆病で他の馬が暴れたのを怖がって真上にジャンプした**
- **4歳までは1頭になると寂しがった**
- **5歳になると環境が変わっても動じなくなった**

名馬
No.27

ゴールドシップ

人知を超える気まぐれさながらGI6勝!

まるでワープ!　力のいる馬場でのレースとなった皐月賞では、鞍上の内田博幸騎手による果敢なイン強襲で一冠を制したゴールドシップ。

素顔を知る人

今浪隆利
元厩務員

1958年9月20日生まれ。福岡県出身。1976年に栗東トレーニングセンターの内藤繁春厩舎の厩務員となり、その後、中尾正厩舎に移籍。2009年に須貝尚介厩舎に移籍し、ゴールドシップをはじめとして数々のGI馬を担当し、2023年7月に定年のため厩務員を退職した。

文／緒方きしん

最初は大人しい馬だと思っていたものの…

「本当に賢くて力も強い馬で、ゴールドシップと過ごした時期は生きた心地がしなかったですよ。ゴールドシップにもケガさせてはいけないから、毎日、細心の注意を払っていました」

そう言って苦笑いするのは、ゴールドシップの担当厩務員として知られる今浪隆利。現役時代に苦労したさまざまなエピソードは、多くのファンの心をつかんでいる。

しかし意外にも、ゴールドシップの第一印象は「けっこう大人しい馬」。最初にゴールドシップが〝らしさ〟を垣間見せたのは、新馬戦のパドックだった。

「周回中は大人しくてむしろ歩かないくらいだったのに、ジョッキーが乗ってメンコを外した途端にいきなりスイッチが入ってグッと引っ張られたんですよ。馬場に入るときも大変でした(苦笑)」

当時は「こういう一面もあるんだなぁ」程度に捉えていた陣営だったが、時が流れ、共同通信杯の2週前に起こった事件をきっかけに、そうもいかなくなった。

「調教に向かっているときにすごく反抗して、大暴れしたんです。普通の馬は暴れるといっても瞬間的なもので、すぐに落ち着くものなのですが、ゴールドシップは異例の長さで暴れ続けました。30分近く経って我々があきらめて引き返し始めても止まってくれず、馬房に入るまでずっと暴れていました。これまで出会っ

3歳時は有馬記念も制してGⅠ3勝。歴戦の古馬相手の大外一気の戴冠に、担当の今浪厩務員も笑みがこぼれる。

プロフィール

生年月日	2009年3月6日生まれ
性別	牡馬
毛色	芦毛
父	ステイゴールド
母	ポイントフラッグ（母父：メジロマックイーン）
調教師	須貝尚介
馬主	小林英一ホールディングス
生産牧場	出口牧場（日高）
戦歴	28戦13勝（海外1戦0勝）
主な勝ち鞍	皐月賞、菊花賞、有馬記念、宝塚記念（2回）、天皇賞・春

レースの軌跡

2011年7月に函館でデビュー。2歳時を4戦2勝で終えると、翌年の共同通信杯で重賞初制覇。そのまま皐月賞に直行して優勝。日本ダービーは5着に終わったが、菊花賞を勝ち、牡馬クラシック二冠を達成。同年には有馬記念も制した。古馬になってからは成績にムラが出るようになるが、宝塚記念連覇をはじめ、三度目の挑戦で天皇賞・春を制覇するなど、大いにターフを沸かせた。

たことのない馬だと気づかされました」

気に入らない馬がいると、脚の届かない位置ならわざわざ後退りしてでも蹴りにいったというゴールドシップ。馬房でも吠えて周囲を威嚇するほどだった。

「非常に賢いので、一度気に入らないリストに入れた馬はいつまでも覚えているんですよ。有名な被害馬はトーセンジョーダンですが、ほかにもいろいろいましたね。気に入らなく感じるタイミングはさまざまで、たとえば調教に向かう道中でおしっこをしている馬がいたのですが、それを見た途端に激高。以降はその馬を見かけるたびに吠えて牽制していました」

後ろに立たれるのが何よりも嫌いだったというゴールドシップ。しかし基本的には、不用意に近づかなければ問題ないため「自厩舎の馬に先導させて調教に向かう」といった工夫は効果が大きく、致命的な事件は何とか防げたという。

もうひとつ陣営が気を配っていたのは、ゴールドシップのストレス具合だ。もっとも元々ストレスを溜めにくいタイプで、周囲も「あれだけ暴れたら、そりゃあね…」と苦笑しながら見守っていたようだが、それでも全身マッサージや注射など日々のケアも欠かさなかった。

「ストレスが溜まると、食べるのが遅くなるんですよね。食事のペースは気にして見ていました。とはいっても、馬房から出たら大抵の場合はいつものゴールドシップに戻るんですが…。ただ、今になっ

三度目の挑戦でようやくつかんだ天皇賞・春の栄冠。レース前半は後方を追走。2周目の坂の下りで先団に取りつき、直線で先頭に立ってそのまま押し切った。

て振り返ると、2013年のジャパンCの時期はかなりストレスが溜まっていたように思いますね」

ベテランの名手を驚かせた賢さ

そんなゴールドシップにも、リラックスした姿を見せる時間と場所があった。たとえば、放牧先の牧場だ。

「放牧中は緊張感から解放されるようで、落ち着いた様子でしたね。トレセンに戻る際の検疫所で切り替わって、元のゴールドシップに戻っていましたが(苦笑)」

そんなゴールドシップのお気に入りは、凱旋門賞の際に訪れたフランス。木々に囲まれた環境で、悠々と過ごしていたようだ。

「フランスは各陣営で調教の時間帯がバラバラですから、知らない馬が寄ってこないという点も気に入ったのでしょう。こちらも仕事がやりやすかったです。すみませんという言葉をほとんど口にせずにいられる、珍しい場所でした」

引退後に種牡馬となったゴールドシップ。牧場でのんびりとした時間を過ごして、穏やかな振る舞いが多くなった。

「先日、引退したゴールドシップに会いに行きましたが、大人しく過ごしていましたよ。やっぱり牧場が好きなんですね。あと、種付けをするようになってから、牝馬に対しての反応がすごくなったようです(笑)。現役時代も牝馬を見かけると馬っ気を出して立ち上がったりしていましたが、同時に周りの馬を自分のそばに近づけないような雰囲気も漂わせていました。そのゴールドシップが、牝馬が近くにいることを受け入れるとは。大人になったんだな、と感慨深いです」

ゴールドシップは、一度覚えた馬のことは忘れないだけでなく、人間の顔もしっかりと覚え、態度や対応を変えていた。

「獣医さんは固定でしたね。ほかの獣医さんだと触らせてもくれません。JRAでは定期的に予防接種を打つんですが、いつもと違う人が来ると大暴れして、

3連覇を狙った2015年の宝塚記念では、ゲート先入れで立ち上がり、大きく出遅れて15着に惨敗。気まぐれのゴールドシップらしいが、当時は「世紀の大出遅れ」と大きな話題に。

のしかかってくるんですよ。結局、ゴールドシップだけ居残りになってしまい、異例の措置でいつもの獣医さんを呼んでもらいました。レース後には私を見つけて甘えにきたりと、気を許した人間には可愛らしいところを見せる馬なのですが」

そうした一面を持ちつつ、意外にも、ジョッキーに対しては選り好みなく受け入れていたというから面白い。

「一度でいいから跨ってみたいという騎手も多い馬でした。調教では、福永騎手や藤井騎手も乗ってくれたことがあるんです。そのときはバネの良さを褒めてもらいましたね。デビュー戦で乗っていた秋山騎手も古馬になってから乗りにきてくれたのですが、『あのときと全然違う！』と驚いてくれました」

さらにその賢さに驚いた騎手もいる。それが、横山典弘だ。

「調教に行くときはカッカしながらすごい迫力でハミを噛んでいるんですが、帰り道はもう終わりだと理解していて、のんびり歩きながら毎回同じ場所で自らハミを外していたんです。横山典さんが調教に乗ってくれたときの帰り道に『そこで自分でハミ外すから』と言ったら話半分で聞いている感じだったのに、実際に外したのを見て『嘘でしょ!? 何この馬！』と爆笑していました」

多くのスターホースの背中を知る名手をして、度肝を抜かしてしまうほどの賢さ。その賢さこそが、多くのファンに愛されるゴールドシップのキャラクターの〝濃さ〟と〝憎めなさ〟を生み出していたのだろう。

ゴールドシップはどんな馬だった？

- **気に入らない馬や人をいつまでも覚えている**
- **後ろに立たれるのが大嫌い**
- **調教終わりを理解して自らハミを外す**

名馬
No.28

ジェンティルドンナ

最強牡馬をも撃破した強く華麗な三冠貴婦人

前走のチューリップ賞2着から4番人気で臨んだ桜花賞は、直線で外めから進出。先頭に立ったヴィルシーナを競り落として優勝した。

文／大恵陽子

素顔を知る人

日迫真吾 調教助手

1963年10月27日生まれ。滋賀県出身。白井寿昭厩舎（引退）時代にはダンスパートナーの調教を担当したほか、芝とダートでＧＩ６勝を挙げたアグネスデジタルに跨ったこともあった。ジェンティルドンナを管理した石坂正調教師の引退後は平田修厩舎に移籍。

ピョンピョン跳ねるのはお嬢様のガス抜き!?

「お嬢って呼んでいたんだよ。だって、お嬢様だったから」

ジャパンCでオルフェーヴルとの大接戦を制して以降は「男勝りな」と枕詞がつくことも多かったジェンティルドンナについて、調教を担当した日迫真吾はそう振り返る。「まぁ、僕の場合は牝馬のことをよくお嬢って呼ぶんだけどね」と付け加えたものの〝お嬢〟が何をしても怒ることなく、寄り添い続けた3年間だった。

日迫がジェンティルドンナのポテンシャルの高さを感じたのは、デビュー前。栗東トレーニングセンターで初めてウッドコースを1周半走らせたときだった。それまでは全長１０８５メートルの坂路を上っていたが、その倍以上にあたる約２７００メートルを走らせたところ、

「息の乱れが他の馬とは全然違いました。心肺機能の高さでしょうね。胸囲が大きかったんですよ。だから、体重が４７０キロくらいなのに５００キロ近い馬が使うサイズの腹帯を使っていました。やっぱり心臓と肺が大きいってことなんでしょうね」

競走馬として重要な内臓の大きさは身体のサイズにも表れていた。一方で、おてんばお嬢な一面も次第に見せ始めた。

「シンザン記念の後から音などに敏感になって、メンコを着けるようになりました。トレセンの中って砂場が多くて、車が通るとジャリって音がするのですが、そう

二冠がかかるオークスでジェンティルドンナは、桜花賞馬ながら3番人気の評価。レースは後方からじっくりと構えると直線で大爆発。他馬とは力が違った。

プロフィール

生年月日	2009年2月20日生まれ
性別	牝馬
毛色	鹿毛
父	ディープインパクト
母	ドナブリーニ（母父：ベルトリーニ）
調教師	石坂正
馬主	サンデーレーシング
生産牧場	ノーザンファーム（早来）
戦歴	19戦10勝（海外2戦1勝）
主な勝ち鞍	桜花賞、オークス、秋華賞、ジャパンC（2回）、ドバイシーマクラシック、有馬記念

レースの軌跡

2011年11月にデビュー。2戦目の初勝利後にシンザン記念を制し、牝馬クラシック戦線へ。桜花賞を快勝すると、続くオークスは5馬身差の圧勝。秋には秋華賞も勝利し、史上4頭目の三冠牝馬に輝く。さらにその勢いは止まらず、続くジャパンCではオルフェーヴルとの叩き合いに競り勝ち優勝する。4歳時にはジャパンC連覇を果たし、5歳時には念願の海外GⅠ制覇。年末の有馬記念も勝ち、有終の美を飾った。

いうのにも反応していたんです。調教の帰りにはピョンピョン跳ねていて、人馬共に危ないと思い、厩舎に帰るときはそのまま攻め専（調教騎乗専門の調教助手）に乗ってもらって、僕は横について曳いて帰っていました」

通常、トレーニングセンター内では騎乗するか曳くかどちらかのみだが、その両方で対応するという、まさにお嬢様扱いだった。

初夏の日差しが照りつけるオークスでも、ジェンティルドンナの様子は変わらなかった。スタンド前発走のゲート裏で、テンション高く小走り気味になったりピョンピョン跳ねたりしながら輪乗りをしていた。

「僕に八つ当たりしているんだな」

日迫はそう感じながら、右肩にグイグイ身体を寄せてくるジェンティルドンナをたしなめた。ただ、興奮しすぎて手がつけられない状態ではなかった。

「見た目のアクションほどは馬にとって負担になっていなくて、ちょうどいい具合にガス抜きを自分でしていたんだと思います。ただ、そう感じるようになったのは後からで、最初の頃は『もったいないな、この子』と思っていましたが（笑）」

後のドバイでは現地のゲートボーイ相手にこの挙動を見せていないだけに、信頼する日迫相手だからこそだろう。ただ、ひとつだけ気になることはあった。

「身体を丸めるようにして歩くので、後

秋華賞は、ヴィルシーナが先頭を奪って緩やかなペースに。直線ではジェンティルドンナが猛然と追い込み、ヴィルシーナにハナ差競り勝った。

ろ脚で自分の前脚を引っかけて落鉄しないかが心配でした。だから、引っかからないようにエクイロックスで蹄鉄を保護してもらっていました」

レース直前に落鉄してしまうと、打ち替えるのが困難な場合さえある。かつてイソノルーブルが裸足で桜花賞を走った例もある。しかし、お嬢は落鉄することなく、無事にレースを迎えることができた。そうしてオークスは大外から豪快に差し切って勝利。牝馬二冠を達成した。

ずっと続いているライバルとの深い縁

秋を迎えると、一気に牝馬三冠ムードが高まった。相手はそれまでの二冠で共に2着だったヴィルシーナ。秋華賞のゲートが開くと、ライバルは逃げの手を打ち、スローペースに落とした。ジェンティルドンナは圧倒的1番人気。その立場では、ペースが遅いとわかっていても道中で動くに動けない。じっと耐え、直線猛追すると、ゴール前で差し切った。

「ゴールをわかっているようで、最後にもう1回クビを下げて前に出ました。ヴィルシーナとは本当に良いライバル関係でした」

その後、2頭は別々の道を歩む。ヴィルシーナは牝馬重賞を中心としたローテーションをとり、ヴィクトリアマイルで悲願のGI制覇を果たす。

対してジェンティルドンナは強豪牡馬に挑んでいくこととなる。ジャパンCではオルフェーヴルとの追い比べを制し、ドバイシーマクラシックでは直線で八方塞がりになり、万事休すと思われたところから進路をこじ開けて勝利した。

そして2頭は2014年12月、有馬記念で共に引退レースを迎えた。勝ったのはジェンティルドンナ。レース後には引退式が行われた。

「シンザン記念以降はずっとメンコを着けていて、ファンのみなさんは素顔を拝めなかったから、せめてもと思って耳覆いはついているけど顔が見えるものにし

三冠最終戦の秋華賞の余韻冷めぬ中、ジェンティルドンナはジャパンCに出走。国内最強のオルフェーヴルとの競り合いを制してＧⅠ４勝目を挙げた。

ました。少しは女の子らしいところも見せないと、と思ってピンク色にしたんだけど、ピョンピョン跳ねて全然大人しくなかったね（苦笑）。それと、ドバイで勝ったときの馬服も着せてあげました。海外まで応援に行けなかった人もいただろうからね」

引退式を終えた後だったか、有馬記念の後だったか、日迫はヴィルシーナの佐々木主浩オーナーと話をしたという。ジェンティルドンナがいなければ、ヴィルシーナは牝馬三冠を獲れていたかもしれない、といわれるほど2頭はいいライバル関係だった。その両関係者が、引退レース後に健闘を称え合った。ヴィルシーナを担当していた安田晋司調教助手とも〝お嬢〟を交え3人で記念撮影もした。

そして中山競馬場から2頭は同じ馬運車に乗って北海道へと旅立った。

母としても同期になった2頭は、ヴィルシーナの初仔・ブラヴァスが先に初勝利を挙げたかと思えば、日迫が母に続き担当した初仔・モアナアネラも3歳5月に初勝利を挙げると通算3勝。さらに、3番仔のジェラルディーナがエリザベス女王杯でGI制覇を果たした。

「ジェラルディーナがGIを勝ってくれて、ホッとしました。僕の担当したモアナアネラは身体が小さかったけど3勝もしてくれて、やっぱり血なのかな」

母を懐かしむ日迫の元に楽しみな話題がさらに飛び込んだ。２０２３年のエリザベス女王杯でヴィルシーナの3番仔・ディヴィーナとジェラルディーナが初対決したのだ。時を超え、2頭のライバル関係は産駒に引き継がれている。

ジェンティルドンナはどんな馬だった？

- **馬体重と比べて胸囲がとても大きかった**
- **3歳から音に敏感になりメンコをつけるようになった**
- **ゲート裏や調教帰りにピョンピョン跳ねる**

名馬 No.29

キズナ

人々に勇気と希望を与えた記憶に残る名馬

2013年の日本ダービー。キズナはスタートをゆっくりと出て後方待機。直線では外から追い上げ、エピファネイア以下をまとめて差し切った。

文／福嶌弘

素顔を知る人

齋藤慎
大山ヒルズディレクター

<プロフィールは78頁を参照>
大山ヒルズの調教マネージャーとしてキズナのほか、ワンアンドオンリーやコントレイルなど、数多くのGI馬を輩出。ちなみに自宅はキズナやコントレイルがいた馬房のすぐ近くにあるとのことで、キズナがいた頃は夜中に物音がすると必ず見に行っていたという。

人間が大好き過ぎた生まれながらのスター

〝生まれながらのスター〟とはまさにこのことだろう。大山ヒルズディレクターの齋藤慎は、キズナが大山ヒルズにやってきた日のことを忘れないという。

「ノースヒルズからここに来るとき、スタッフから『カッコよくて馬っぷりのいいディープの仔が行くから！』と聞いていましたが、馬運車から1頭ずつ馬を出していく中で『この馬だ』と直感しました。そんな強烈なオーラを感じましたよ」

馬体が薄くて手足の長い馬が多いというディープインパクト産駒の中でも、ガッチリとした馬体を誇ったキズナは、早くから将来を嘱望される期待の1頭となったが…齋藤には「気性が激しかった」という記憶が強く残っている。

「とにかく元気な馬でした。カイバを食べているとき以外で馬房に入ったら襲われちゃうくらい（笑）。ただ、人間が嫌いというわけではなくて『遊んで！』って感じでじゃれてくるんですよね。とはいえ500キロを超える大きな身体の馬ですから、こっちは必死でした」

こうした気性の持ち主だったため、乗り役のスタッフは気を揉んだが、一方で動きは抜群。他の馬が苦しそうに走る坂路調教でも頭を上げたままで楽々と走破し、「将来は名馬になる」と斎藤に期待させるほどの動きを見せた。そして馬房に戻れば食べ過ぎを心配するほどカイバをムシャムシャ。大山ヒルズにいる頃のキ

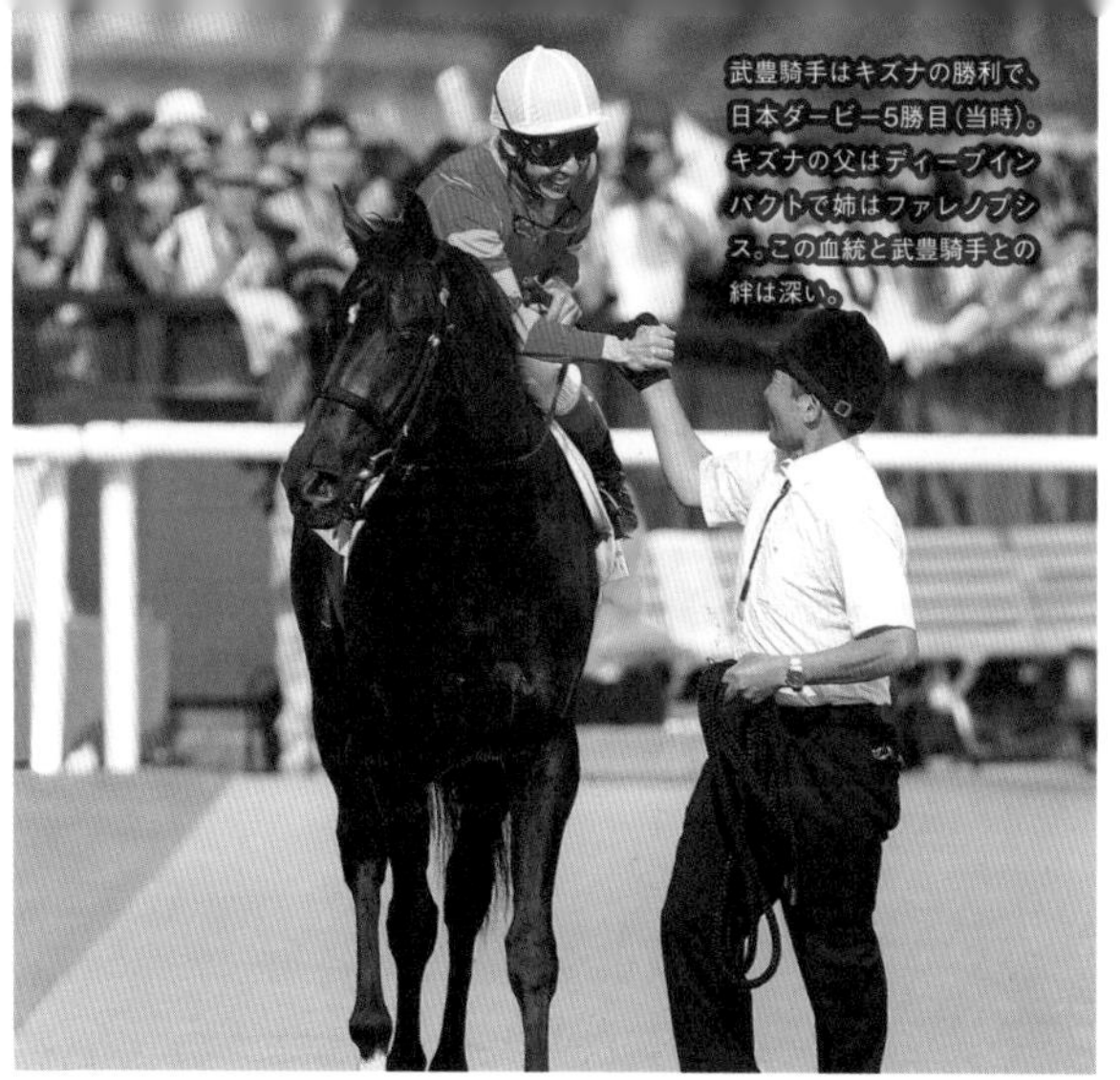

武豊騎手はキズナの勝利で、日本ダービー5勝目（当時）。キズナの父はディープインパクトで姉はファレノプシス。この血統と武豊騎手との絆は深い。

プロフィール

生年月日	2010年3月5日生まれ
性別	牡馬
毛色	青鹿毛
父	ディープインパクト
母	キャットクィル（母父：ストームキャット）
調教師	佐々木晶三
馬主	前田晋二
生産牧場	ノースヒルズ（新冠）
戦歴	14戦7勝（海外2戦1勝）
主な勝ち鞍	日本ダービー、京都新聞杯、大阪杯、ニエル賞

レースの軌跡

2012年10月にデビュー。新馬、黄菊賞と連勝したが、ラジオNIKKEI賞2歳S、弥生賞で賞金を加算できず、毎日杯を勝ったものの皐月賞出走を自重。京都新聞杯をステップに日本ダービーに参戦。爆発的な末脚を発揮して優勝を果たす。秋は凱旋門賞を目指して渡欧。ニエル賞勝ちをステップに凱旋門賞に出走したが4着に敗退する。4歳以降は初戦の大阪杯こそ勝利したが、度重なる故障が響き、5歳秋で引退した。

ズナはまさに腕白坊主そのものという感じだった。

「そんな馬がダービーのあの雰囲気で他の馬と比べても一番大人しかったでしょ？　僕らからしたら『嘘だろ』って思いましたよ（笑）。パドックでは大人しいし、レースで追われると重心をグッと下げて走るのだって、ここでは一度もそんな走り方はしませんでした。オンとオフのスイッチがハッキリしているからこそ、ダービーを勝てたんでしょうね」

こうした精神面のタフさはフランスでも見られたという。

「日本にいるときと何も変わらないんですよ。全然動じません。だからニエル賞で英ダービー馬を破ることができたんでしょう。よく頑張ったと思いますよ」

若駒時代は気性が激しくとも、競走馬になると落ち着くというケースはままあるが、キズナの場合は大山ヒルズに戻ると〝ヤンチャな姿〟に戻ったという。

「帰ってきても、ここにいた頃と変わりません。毎回元気に暴れていましたし、カイバはよく食べますし（笑）。だけど『人間が大好き』なところもそのまま。変わらないからこそスタッフからの人気はすごく高かったですし、キズナが出てきたことで『ウチで働きたい』という若いスタッフがたくさん来てくれました。本当に多くの人に愛された馬だと思いますよ」

現在、13歳になったキズナは社台ファームで種牡馬として活躍している。そんなキズナに齋藤は会いに行ったという。

「会いに行ったら後ろ脚で立ち上がってて、その姿を見て思いましたよ。『変わってないなぁ』って（笑）」

キズナはどんな馬だった？

- 人間が好き過ぎてじゃれてくる
- 食事の時間が大好き
- 異国でもまったく動じない精神力の持ち主

偉大な記録を打ち立てたハードル界の絶対王者
オジュウチョウサン

2016年の中山大障害では2着に1秒5差の圧勝。J・GⅠ2勝目を挙げた。

文／不破由妃子

素顔を知る人

石神深一 騎手

1982年6月3日生まれ。JRA・美浦トレーニングセンター所属の騎手。2001年3月に成宮厩舎からデビュー。2007年から障害騎乗をスタートさせ、2013年には新潟ジャンプSで重賞初制覇を飾る。その後、オジュウチョウサンの主戦としてJ・GⅠ9勝を挙げ、名コンビと称えられた。

絶対に譲れない こだわりを持った馬

オジュウチョウサンといえば、数々の障害を颯爽と駆け抜け、無尽蔵とも思えるスタミナで圧倒的な勝利を積み重ねた障害界の絶対王者。そんな彼は普段、周囲の困惑などどこ吹く風。馬房でも調教でも傍若無人を極めていたようで…。

「あいつは完全に人間をナメてましたねぇ（苦笑）。人間の言うことを聞きたくないのか、とにかく自由気まま。最後の最後まで我の強い馬でした」

オジュウを愛しげに〝あいつ〟と呼ぶのは、不動の主戦として27戦を共に

2017年の中山グランドジャンプ。ライバルにして前障害王者・アップトゥデイトを競り落として快勝。

プロフィール

生年月日	2011年4月3日生まれ
性別	牡馬
毛色	鹿毛
父	ステイゴールド
母	シャドウシルエット(母父:シンボリクリスエス)
調教師	小笠倫弘→和田正一郎
馬主	チョウサン
生産牧場	坂東牧場(平取)
戦歴	40戦20勝(平地戦8戦2勝)
主な勝ち鞍	中山グランドジャンプ(6回)、中山大障害(3回)、阪神スプリングジャンプ(3回)、東京ハイジャンプ(2回)

レースの軌跡

2013年10月デビュー。平地で2戦未勝利後、1年の休養を経て障害に転向。2015年2月の未勝利戦で初勝利を挙げる。同年6月に石神騎手とコンビを組むと、2016年4月に中山グランドジャンプでJ・GⅠ初制覇。ここから快進撃が始まり、障害重賞9連勝を達成する。その後、平地にも挑戦し、有馬記念出走を果たす。11歳まで現役を続け、2022年12月の中山大障害がラストラン(6着)。

2017年の中山大障害は今も語り継がれる名レース。アップトゥデイトとの壮絶な一騎打ちが多くのファンを魅了した。

戦い抜いた石神深一。その付き合いは、2015年6月の東京ジャンプSから、引退レースとなった2022年の中山大障害まで、実に7年半を数える。

「僕が乗る前は山本康志さんが主戦で、山本さんが障害練習を始めた頃からオジュウのことは知っていましたし、調教に乗ったこともありました。当時から落とそうとしてくるし、指示を出すとごねて言うことを聞かないし。まさか自分がレースで乗ることになるとは思っていなかったので、『山本さん、大変だな。俺は乗りたくないな』と思っていました」

人に指図されるのが嫌いだったというオジュウには、こんなエピソードもある。

「調教中の放馬はけっこうありますが、大抵の馬は自由に走り回るか、賢い馬であれば自分の厩舎に帰っちゃったりするんですけど、オジュウは人間を落とした後、わざわざダートコースに行って、砂浴びをしていましたからね」

その砂浴びもオジュウ流。こだわりに満ちたものだった。

「ダートコースに入ったら一度止まって、自分が寝っ転がるところにちゃんと砂をかき集めて、ちゃんとそこに寝る。その後一度起き上がって、また砂をかき集めて、今度は身体の反対側を浴びるんです。そのこだわりにもビックリですが、そもそも調教コースで寝っ転がる馬をオジュウ以外見たことがない(笑)」

もうひとつ、オジュウには絶対に譲れ

2019年の中山グランドジャンプは、道中次から次へと他馬に競りかけられる苦しい展開の中、貫禄の勝利。相棒の石神に「強い」と言わしめたレース。

ないこだわりがあった。パドックなどで歩きながらボロ（馬糞）をしている馬をよく見かけるが、オジュウは絶対に〝ながらボロ〟をよしとしなかったという。

「キャンター（時速20キロ程度の駈歩）をしている最中であっても、いきなりピタッと止まってボロをする。こっちとしては、いきなり止まられると落ちる可能性がありますから、キャンターに行く前にボロをさせる必要があって、いつもオジュウの〝ボロ待ち〟をしました。そこまで気を遣う馬もなかなかいないんですけどね」

レースの最中が一番安心できる時間

石神にしてみれば、砂浴びにしてもボロにしても、オジュウの特異性を物語るエピソードのほんの一部に過ぎない。肝心のレースでも、最初は「拍車もステッキも効果がなかった」と言うから、オジュウの我の強さは筋金入りである。

「いろいろ試した結果、オジュウが一番反応してくれたのが音。実際、連勝が始まったのは、メンコの耳の部分だけを外してからです。そこからは、本当に会話をしているような感じでしたね。オジュウとの7年半は、言うことを聞いてくれない子供と過ごしているようなものでした。すぐに悪ふざけをするから、毎日毎日『コラッ！』って言いながらね（笑）。人間の子供であれば、大人の力をもって対応できますが、相手は1馬力の持ち主。命懸けというか、身体を張って対応する毎日でしたね」

そんな毎日を強いながら、レースでは石神の思いに応え続けたオジュウ。レース中の関係はどうだったのか。

「連勝するようになってからは僕の言うことを素直に聞いてくれたので、レースをしているときが一番安心できる時間でしたね。お互いに心を許し合って臨めていたのかなと思います。トレセンでは、僕が怒ってオジュウが暴れて、という毎日でしたが、今思うと、競馬で心を通わ

2022年12月の中山大障害がラストラン。6着に終わったが、その雄姿にファンからは惜しみない拍手が贈られた。

せるための時間だったのかなって」

石神ともうひとり、身体を張ってオジュウと付き合ってきたホースマンがいる。担当厩務員である長沼昭利だ。「長沼さんのジャンパーは、いつもボロボロでしたよ」と苦笑を浮かべる石神。

「とにかく噛みついてくるんですよ、あいつは（笑）。普通の馬はね、怒られるとその日はもう噛みついてこなかったり、この人には逆らえないなってわかるものなんですけど、オジュウは一瞬だけしょんぼりした後、またすぐにしつこく噛みついてきて。それでも、長沼さんはブラッシングなど手入れをしなければいけない。噛まれて叱るを繰り返しながら、毎日根気よくオジュウに付き合っていたので、長沼さんのジャンパーはいつもビリビリに破れていました」

そんな長沼について「最後はまるで孫のように可愛がっていたので、オジュウロスに陥ってしまわないか、みんな心配していました」と石神は語る。

「やはり普段の調教が大変だったので、その悩みがなくなったのがちょっと寂しいというか。半面、ホッとしている自分もいたりして、なんかモヤモヤしています。自分もオジュウロス…そうですね、ちょっとあるかもしれません。ただ、オジュウのような馬にまた出会いたいというのがモチベーションになっているのは確かです」

レースでの強さも、普段の傍若無人ぶりも、他の追随を許さなかったオジュウチョウサン。「個性派ここに極まれり」を地で行く絶対王者なのであった。

オジュウチョウサンはどんな馬だった？

- **調教中に放馬して砂浴びに行く**
- **歩きながらのボロは絶対しない**
- **噛むのを叱ってもまた噛みついてくる**

セントライト記念を勝って臨んだ菊花賞では、直線で内ラチ沿いを抜け出して快勝。血統的な距離不安も囁かれていたが、まったく問題はなかった。

名馬 No.31

キタサンブラック

ターフに響く〝まつり〟磨き上げた馬体と心肺機能

文／大恵陽子

素顔を知る人

清水靖之 獣医師

1977年10月3日生まれ。大阪府出身。日本大学生物資源科学部獣医学科卒業。父は、2004年のスプリンターズSを制覇したカルストンライトオの馬主・清水貞光氏。8人きょうだいで、兄・清水久詞調教師とは5歳差。

セントライト記念で馬が大きく変わった

名馬はたびたび「心肺機能が強い」と表現されるが、キタサンブラックは獣医師から見ても心臓の強い馬だった。清水久詞調教師の弟で、獣医師（専属医）でもあった清水靖之はこう説明する。

「競走馬の心拍数は1分間に30回半ば〜40回が一般的で、30回を下回ると『すごくいい心臓』と言われます。5歳秋にブラックの心拍数を計ってみると28回。『そりゃ、いい心臓やわ』と思いました。心拍数が少ないということは、1回に送れる血液量が多くて、何回も心臓を動かさなくていいので、心臓が疲れにくくバテづらくなります」

丈夫でバテない馬、というイメージは科学的にも証明されたが、デビュー前から優等生というわけではなかった。

「デビュー前はまだ線も細くておぼこく、『まだまだな仔だな』と感じていました。でも、トレーニングがまだあまりされていない中で緩さがありながら、筋肉は柔らかく、途中から芯ができてきそうな感じを受けました」

清水のキタサンブラックへの見立ては、「あくまでも個人的な感覚」と話すが、土台には年間約1万2000頭もの馬体を触ってきた経験がある。

そもそも、トレーニングセンターで働く獣医師は2パターンいる。ひとつはJRA診療所で働く獣医師。JRA職員でもあり、トレセン内にある大きなJRA

引退レースとなった有馬記念では、内枠を利して先手を取り、そのまま逃げ切り勝ち。北島三郎オーナーの『まつり』が中山競馬場にこだました。

プロフィール

生年月日	2012年3月10日生まれ
性別	牡馬
毛色	鹿毛
父	ブラックタイド
母	シュガーハート（母父：サクラバクシンオー）
調教師	清水久嗣
馬主	大野商事
生産牧場	ヤナガワ牧場（日高）
戦歴	20戦12勝
主な勝ち鞍	菊花賞、天皇賞・春（2回）、天皇賞・秋、ジャパンC、有馬記念、大阪杯

レースの軌跡

2015年1月にデビュー。遅いデビューだったにもかかわらず3連勝で皐月賞に出走し、3着に好走した。日本ダービーは14着に惨敗したが、秋には菊花賞を優勝。ＧⅠ初制覇を飾る。4歳時には天皇賞・春とジャパンＣを制覇。5歳時はさらに凄みを増し、春はこの年からＧⅠに昇格した大阪杯の優勝に続き、天皇賞・春を連覇。秋は天皇賞・秋と引退レースとなった有馬記念を制覇し、2年連続の年度代表馬に選出された。

の診療所には手術施設や入院馬房も併設されている。そのため、レースや調教中のケガや、重度の疝痛（せんつう）を起こしたときなどに世話になることが多い。もうひとつは開業獣医師。基本的には厩舎への往診がメインで、前者が大学病院とするならば、こちらは町のクリニックだ。

清水は2004年4月から栗東トレーニングセンター内で開業する師匠の下で働き始め、後に独立した。大学では病気の動物への治療を学んできたが、トレセンにいる競走馬は基本的に健康である。触診、聴診、歩様の確認などを通して、厩舎側からは「3週間後にレースなんですけど、調教強度を上げても問題ないですか？」といったアドバイスを求められることも多い。スポーツドクターの役割も果たしているのだ。

だからこそ、デビュー前に馬体を触ったときに前述した感想を抱いた。しかしそれは、3歳秋にセントライト記念を勝った後、いい意味で裏切られる。

「馬体がガラッと変わったんです。セントライト記念の前はそれなりの張りはありましたけど、まだフニャフニャしておぼこい印象でした。それがレース後には筋肉が大きくなって、しなやかさの中にすごく張りがあり、背中やお尻の筋肉に手を跳ね返すような感触があったんです。初めて兄に『この仔、菊花賞を勝てるんじゃない？』と言いました。相手関係などはわからないですけど、馬体を触った

前年の覇者として挑んだ2017年の天皇賞・春。道中は2番手を進み、直線では他馬に並ばれることなく悠々ゴール。見事2連覇を達成した。

感触はそのくらい良かったです」

その感触と予感は見事、的中する。母の父サクラバクシンオーという血統背景から距離不安が囁かれていたが、淀の3000メートルを勝った。長距離に対応するため、CWコースを2周半、距離にして約4500メートルを乗り込まれ、その初日には清水いわく「頑張り屋さんのブラックが、診察時に初めて寝ていた」というほど疲れていたが、しっかり体力は強化されていたのだ。

5歳になっても成長は止まらない

もう1回、清水が診察に訪れたときに寝ていたのは、初めて坂路3本乗りをした日だった。栗東トレセンでは坂路1本乗りが主流で、多くても2本。しかし、それを3本上がった。坂路はトモを鍛える一方、走らせ方次第では体力強化に上手く結びつかないこともあり得る。

「2歳馬などまだ身体ができていないのに坂路を上がると、トモがしんどくてハミにモタれて前重心で走ろうとすることが多いんです。でも、ブラックの調教に乗っていた黒岩悠騎手が全身を使ってバランスよく走らせていたから、効くべきところであるお尻の一番外側の半腱半膜様筋だけがカチカチに硬くなっていて、『坂路できちんと身体を使わせることができれば、ちゃんとここが堪えるんだ』と再認識しました。馬体には騎乗者の癖が出ることがあって、普段から診ている厩舎だと『今日はあの調教助手が乗ったのかな』とわかることもあります。黒岩騎手の場合は丁寧に乗っていたので、いい意味で馬体に癖がつきませんでした」

そうした日々の積み重ねは、清水にさらなる驚きを与えた。

「競走馬は4歳になるとある程度、身体ができ上がるんですが、ブラックは5歳になっても身体が変わって『この年齢でもこんなに成長するんだ』と勉強させてもらいました。あと、たった2日で馬の筋肉がパンプアップすることも知りまし

豊マジック炸裂！　不良馬場で行われた2017年の天皇賞・秋。キタサンブラックはスタートで出遅れで後方に。徐々にポジションを上げ、直線では内に進路を取り、抜け出して勝利した。

た。追い切り日の水曜日と、2日後の金曜日に触ったときとでお尻がまた大きくなっていたんです。超回復ってあるじゃないですか。それをすごく感じました」

トレーニングで筋肉に負荷がかけられると、破壊された筋線維が再生の過程で肥大する、とされるのが超回復。ブラックの場合は如実にそれが現れ、意図した通りに鍛えたい筋肉がどんどんパンプアップしていった。

「筋肉ひとつひとつのパーツが大きくなっていきました。人間の腹筋でシックスパックって言うでしょ？　あれはひとつの筋肉が大きくなって、筋肉同士の境目がわかりやすく見えている状態。ブラックも引退前はトモの筋肉が大きく盛り上がって、肩の付け根の上腕三頭筋もムキムキでした」

2017年、ラストランとなった有馬記念で有終の美を飾り、キタサンブラックは種牡馬入りした。2021年にデビューした初年度産駒からは、イクイノックスがドバイシーマクラシックを圧勝して世界ランキング1位に輝いた。清水も産駒を診ることが増えてきた。

「初年度産駒が入厩したての頃はよく『キタサンブラックと比べてどう？』と聞かれました。その中で担当している厩務員や調教助手からよく言われたことが『この馬、バテへんねん。息遣いがええわ』ということ。初年度産駒の心拍数を計ったことはないですけど、そういう話を聞くとブラックのいい心臓を受け継いでいるのかな、と考えたりもします」

獣医師も感じた「丈夫でバテない」DNAは、子供たちにも受け継がれている。

キタサンブラックはどんな馬だった？

- **デビュー前は線が細くておぼこい**
- **強いケイコにもへこたれない頑張り屋**
- **成長力がすさまじく、たった2日で筋肉がパンプアップした**

アーモンドアイ

抜きん出たポテンシャルで無敗の三冠馬も圧倒！

文／藤井真俊

一冠目の桜花賞は2番人気の支持。それでもレースでは、他馬が止まって見えるほどの強烈な差し脚を披露し勝利した。

素顔を知る人

根岸真彦 調教助手

1982年12月6日生まれ、千葉県出身。JRA競馬学校の厩務員課程を経て、2006年からJRA美浦トレーニングセンターで働き始め、2007年に国枝厩舎へ。以来、同厩舎ひと筋で、アーモンドアイをはじめ多くの活躍馬を担当してきた。国枝先生の信頼も厚い腕利き。

抜群のルックスと圧倒的パフォーマンス

馬名の由来である〝アーモンドアイ〟とは、その名の通りアーモンドのような目の形のこと。目頭と目尻が平行に揃った目元は、美人の顔に多い瞳の形であるとされている。幼駒の頃に初めて対面した国枝栄調教師も「いい顔をしていた」と評したように、その顔立ちは誰もが認める美人だった。

それに加えて戦績もケタ違い。通算14戦10勝。牝馬クラシック三冠を皮切りに、芝GⅠ9勝は史上最多、獲得賞金の19億1526万3900円は日本競馬の歴代1位（いずれも2023年10月末時点）。記録面だけではない。ラストランとなった2020年のジャパンCは、無敗の三冠牝馬コントレイル、無敗の三冠牝馬デアリングタクトが一堂に会する歴史的な一戦となったが、見事に1着でゴール。〝最強〟の称号を守ったままターフを去った。

ルックスの良さに加えて、圧倒的なパフォーマンス。まさに〝完璧なアイドル〟と言っても過言ではない？　そんな疑問をデビュー前から現役引退まで担当し続けた助手の根岸真彦に投げかけると、

「確かにアイドルっぽいところはありましたね」

と返ってきた。

「ちょっと我が強い面があって、馬房の中で身体を触られたりするのはあまり好きじゃなかったんです。だから手入れと

オークス以来でプラス14キロとさらなる成長を見せ、秋華賞に出走してきたアーモンドアイ。ここも自慢の差し脚を発揮して牝馬三冠を達成。

プロフィール

生年月日	2015年3月10日生まれ
性別	牝馬
毛色	鹿毛
父	ロードカナロア
母	フサイチパンドラ(母父:サンデーサイレンス)
調教師	国枝栄
馬主	シルクレーシング
生産牧場	ノーザンファーム(早来)
戦歴	15戦11勝(海外1戦1勝)
主な勝ち鞍	桜花賞、オークス、秋華賞、ジャパンC(2回)、天皇賞・秋(2回)、ヴィクトリアマイル、ドバイターフ

レースの軌跡

2017年8月にデビュー。初戦こそ敗れたものの2戦目で勝ち上がり、そこから連勝街道をばく進。シンザン記念優勝をステップに桜花賞を完勝。続くオークスも危なげなく勝利して二冠達成。秋は秋華賞をぶっつけで臨み、難なく三冠達成。続くジャパンCでは驚異のレコード勝ちを収めた。古馬になると初の海外遠征となったドバイターフの勝利を皮切りに、天皇賞・秋2連覇などGⅠ4勝を積み上げて引退した。

かも気を遣いながらやっていたのですが…外部の人が来ると態度が違うんですよ。GⅠを勝って活躍するようになると、取材などでいろいろな人が厩舎に来る機会が増えたのですが、そういうときは馬房でも大人しく撫でてもらったりして愛嬌を振りまくんです。外面がいいというのか…。アイドル気質ではありましたよね(笑)」

マネージャーなど身内には駄々をこねても、いざファンの前に立てば自らの役割を全うする。これぞまさにアイドルの仕事ぶり?

とはいえアーモンドアイが、ただ可愛いだけのアイドルでなかったことは前述した通り。向かうところ敵なしの強さを支えたのは、とてつもない身体能力の高さにあった。根岸が振り返る。

「デビュー戦当日の鞍付けのときのことです。国枝先生が前に立って装鞍していたのですが、アーモンドに後肢で蹴られてしまったんです。普通なら蹴られないような位置だったんですよ? おかげで国枝先生は少しだけ手にケガをしてしまったんですが(苦笑)、それ以上にあの馬の可動域の広さに2人して驚いたのを覚えています」

類まれなトモ脚の蹴りの強さと柔軟性。これがレースで見せる爆発的な末脚の原動力となったが、それゆえに蹄のトラブルにも見舞われるようになった。

「3歳の春までは大きな問題にはならな

2018年のジャパンCを驚異的なタイムで勝利したアーモンドアイ。地下馬道を進む、ルメールと根岸真彦の笑顔が、とても誇らしげに映る。

かったのですが、ひと夏を越した秋華賞の前は大変でした。身体が10キロ以上増えて成長したことで、前脚と後脚の蹄が激しくぶつかるようになってしまったんです。牧場のスタッフや装蹄師さんと相談しながら、蹄鉄の形や幅、素材などを工夫したほか、プロテクターを装着して脚元に傷ができないように気をつけていました」

陣営が苦労したのは脚元のケアだけではない。

「一番最初に異変を感じさせたのはオークスのレース直後でした。身体が熱くなって熱中症のような症状を見せるようになったんです。おそらくレースに行くと、すべてのエネルギーを燃やし尽くしてしまうのでしょう。そのオークス以降はしばしば同様の症状を見せるようになり、翌年の天皇賞・秋では表彰式を辞退してすぐに厩舎に戻り、水で身体を冷やしていました。そこまで力を出し尽くせる馬なんてほかには聞いたことがありません。そういう意味でもアーモンドはすごい馬だったんだと思いますね」

オンとオフを切り替えて無駄な体力を使わない

一方で普段の美浦トレセンで見せる姿は、競馬場とはまったく違っていたのだという。

「普段は余計な力を使わないんですよ。たとえばトレセンの調教。常歩(なみあし)からダク、ハッキング…と少しずつペースを上げていくわけですが、まったく進んでいかないんです。のんびりしているというか、やる気がないというか…(苦笑)。でも、いざウッドコースに向かうとスイッチが入るんですよね。これは自分が乗っているときだけではなく、ルメールさんを背にしているときでも同じです。オンとオフを上手に切り替えて、無駄な体力を消耗しないようにしていたのかもしれませんね」

そんなアーモンドアイだが、繊細な一面を見せたこともあった。

2018年の天皇賞・秋。アーモンドアイはスタート後に好位をキープ。直線では外に出せず狭い内を突いてグイグイ伸び、そのまま後続を離して完勝。

「4歳春のドバイ遠征の前ですね。美浦トレセンの検疫厩舎に入るとカイバが落ちたんです。3歳秋以降はカイバの食いが良くなって、馬体も華奢ではなくなっていました。ようやく馬がしっかりしてきたと思った矢先の出来事で、そういう敏感な面もあるんだなと思いました」

とはいえ、蓋を開けてみればドバイターフでも危なげなく勝利。秋華賞前の蹄のトラブルもそうだが、たとえ不安があったとしても、競馬ではきっちり結果を残してしまうのが、アーモンドアイの尋常ならざるところだろう。

2020年の12月19日に中山競馬場で引退式を行い、同日付けで競走馬登録を抹消。生まれ故郷である北海道安平町・ノーザンファームで繁殖牝馬となり、2022年の1月13日に初仔となるエピファネイア産駒の牡馬を出産した。

「初仔が生まれた年の夏に、久々にアーモンドに会いに行ったんです。牧場の人は僕のことを〝この感じは絶対に覚えてますね。喜んでますよ〟と言ってくれましたけど、僕にはちょっと怒ってるように見えたんですよね。また調教させられると思ったんじゃないかな(苦笑)。でも元気そうで安心しました。子供の方は本当に可愛かったですし、目元がお母さんに似ているなと思いました。うれしいことに国枝厩舎に入厩予定だとうかがっていますから、アーモンドの仔が厩舎にやってくる日を楽しみにしているんです」

ファンの前で見せる美しさや絶対的な強さ。関係者の前で見せる自由気ままな姿や繊細さ。アーモンドアイは多彩な顔を持つ〝究極のアイドル〟だった。

アーモンドアイはどんな馬だった？

- **外面がいいアイドル気質**
- **調教の準備運動ではやる気がない**
- **レースではすべての力を出し尽くして走る**

菊花賞では直線でアリストテレスとの叩き合いになったが、クビ差競り勝ち、父のディープインパクト以来、無敗での牡馬三冠制覇を達成した。

写真／JRA

名馬 No.33

コントレイル

令和のターフを華麗に舞った蒼き覇者

文／福嶌弘

素顔を知る人

齋藤慎 大山ヒルズ ディレクター

<プロフィールは78頁を参照>

キズナ同様、コントレイルも1歳9月頃から大山ヒルズで調教。1歳馬には多くのスタッフが乗る方針をとり、当時のスタッフの8割以上がコントレイルへの騎乗経験があったという。ちなみに神奈川県出身者で、プロ野球・横浜DeNAベイスターズの熱狂的なファンでもある。

大谷翔平を彷彿とさせる「寝る子は育つ」

「寝る子は育つ」は競走馬にも当てはまるのかもしれない。育成時代のコントレイルについて大山ヒルズディレクターの齋藤慎に話を聞くと「よく寝ていた」という答えが返ってきた。

「馬房に入るとにかくよく寝ていました。寝ているときはお腹を叩いても何をしても起きません。大胆に舌を出しながら寝息を立てて寝ちゃってました。大谷翔平も子供の頃はよく寝ていたって話を聞きますけど、この馬も同じかもしれません(笑)」

日本ダービーは五分のスタートを切って、道中はインの好位を追走。直線は外めに持ち出してそのまま突き抜けた。

写真／JRA

プロフィール

生年月日	2017年4月1日生まれ
性別	牡馬
毛色	青鹿毛
父	ディープインパクト
母	ロードクロサイト（母父：アンブライドルズソング）
調教師	矢作芳人
馬主	前田晋二
生産牧場	ノースヒルズ（新冠）
戦歴	11戦8勝
主な勝ち鞍	皐月賞、日本ダービー、菊花賞、ジャパンC、ホープフルS

レースの軌跡

2019年9月にデビュー。3連勝でホープフルSを快勝すると、ぶっつけで春のクラシック戦線に臨み、皐月賞、日本ダービーを連勝して二冠を達成する。秋は神戸新聞杯をステップに菊花賞に出走。アリストテレスとのデッドヒートを制し、無敗で三冠を達成した。続くジャパンCでアーモンドアイに初黒星、4歳になって大阪杯、天皇賞・秋と惜敗が続いたが、引退レースとなったジャパンCを快勝し、有終の美を飾った。

コントレイルが大山ヒルズにやってきたのは1歳の9月。これまで数々の名馬を見てきた齋藤だが、コントレイルの第一印象はこれといって記憶に残るものではなかったという。

「もちろん『ディープのいい仔がいる』という話は事前に聞いていました。確かに華奢で小さな馬体だったからディープの仔らしいなとは思いましたけど…キズナのときみたいな強烈なインパクトというのはありませんでした」

そんなコントレイルは調教を開始して3カ月後、球節炎に見舞われるというアクシデントが発生し、約半年間、騎乗調教を中断。ウォーキングマシンでの別メニューを余儀なくされたが…調教を再開した直後、齋藤はコントレイルの走りに驚かされたという。

「他の馬たちと同じ調教メニューを課していましたが、この馬はまったく息が上がらなかったんです。他の馬と比べて半年ブランクがあるわけだから厳しいと思っていましたが、この馬は一切息が乱れません。生まれ持った心肺機能が優れているからこそでしょうが、この頃から『将来はすごい馬になるんじゃないか』って思いましたよ」

デビューを目前に控えた2歳の7月、コントレイルは早くも実力の片鱗を見せ始めた。中でも追われてからの反応の良さが齋藤の印象に強く残ったという。

「騎乗していて、拳をほんの少し動かしただけでもすぐにスイッチが入ります。こんなに反応のいい馬はなかなかいませんよ。反応がいいから動きたいときには一瞬で抜け出せますから、レースでも不利を受けることがほとんどありませんし、走り方がキレイでミスステップがまったくありません。どのスタッフが乗ってもキレイに走るので、スタッフが『自分は巧いかも』って思い込んでしまうんです（笑）」

人が馬房に入っても一切嫌がることはない素直な性格に、調教が終わればすぐに眠るというギャップ。そして調教ではキレイなフォームで走る――愛される要

2戦目の東京スポーツ杯2歳Sで関東初見参。ムーア騎手を背に道中は中団を追走し、直線では末脚が爆発。5馬身差の圧勝で、レコード更新のおまけ付き。

素だらけだったコントレイルは、たちまちスタッフたちからも親しまれ、いつしか「コンちゃん」という愛称で呼ばれるようになっていった。

そんなコントレイルがデビューしたのは2歳9月の阪神芝1800メートル。直線で早々と抜け出し、2着馬に2馬身半差をつける快勝だったが、齋藤はこの勝利に驚かされたという。

「調教を半年休んでいたというのもあって、当初デビューは年末を予定していましたので、まさかあの時期にデビューできて勝つとは思いませんでした（笑）」

コントレイルは、続く東京スポーツ杯2歳Sで重賞初制覇。年末のホープフルSも勝利してGIホースの仲間入り。翌年のクラシック制覇を目指し、英気を養うために大山ヒルズに戻ってきた。

「競走馬になっても相変わらず、馬房ではよくイビキをかいて寝ていました。ただ、この馬の面白いところはカイ食い。普通の馬はレース前によく食べて、レース後はカイ食いが落ちるものなんですが、この馬はレースから1週間後くらいの間はすごく食べるんです。栗東でもそうだったみたいですが、ウチに戻ってきても同じでした。ただ、賢い馬だからレースが近づいてくると身体を作ろうとして食べなくなるんです。こんな馬、なかなかいません」

菊花賞を走った後のカイ食いは普段以上に

まるでアスリートのような感覚を兼ね備えていたコントレイルは、3歳になると皐月賞、ダービーを快勝して父と同じ無敗の二冠馬に。そして菊花賞に向けて夏を大山ヒルズで過ごすことになったが、菊花賞の3000メートルをどう走るかが課題となった。

「このときはいかに我慢して走るかを重点的にやりました。コースで長い距離をじっくり乗って基礎体力をつけることを心がけていたんですが、（同じく大山ヒルズに戻ってきた）ディープボンドはビシ

引退レースとなった2021年のジャパンC。2番枠からスッとゲートを出て道中は中団待機。直線は先に抜け出したオーソリティを外からかわして優勝。有終の美を飾った。

ビシと追っているのに、コントレイルには強い調教をあまりしなかったから、周りからは不安に思われました。でも、神戸新聞杯を勝ったときに『大丈夫』と確信しました」

そうして迎えた菊花賞は、道中ぴったりとマークされていたアリストテレスに直線で迫られたが勝利。史上初となる父子無敗の三冠制覇を成し遂げた。「あと500メートル走っても抜かれなかった」と齋藤が語るほどの強さを見せたコントレイルだが、疲れの色が見えるということで、レース後には放牧へ。このときもカイバをよく食べ、よく眠っていたというから本当に恐れ入る。

「古馬になっても表情も馬体も幼いままで何も変わりませんでした。引退間近のジャパンCの頃にやっと華奢なところが抜けてきたくらいです」

コントレイルにとってのラストランとなった2021年のジャパンC。齋藤はもっとも印象深い一戦だったという。

「この頃のコントレイルは3歳時の激走の疲れがなかなか取れずに苦労しましたが、矢作調教師には最後のレースで完璧に仕上げていただきました。僕もこのときは競馬場で見ていましたが、肩の荷が下りた気分でホッとしました」

そんなコントレイルの初年度産駒たちが2024年、大山ヒルズへと育成のためにやってきて、翌2025年にはデビューを迎える。偉大なる父のようにターフで活躍する馬も現れるだろうが、かつてのコントレイルのように子供たちもまた、馬房内でよく寝るのだろうか…。デビューの日が今から待ち遠しい。

コントレイルはどんな馬だった？

- 馬房の中では常に睡眠 お腹を叩いても起きない
- 拳が少し動いただけで 動くほど反応抜群
- レース前はカイバを食べず レース後1週間はカイバを よく食べる

名馬
No.34

デアリングタクト

史上初！ 無敗で牝馬三冠を達成した孝行娘

文／福嶌弘

三冠がかかった秋華賞。デアリングタクトはオークス以来で馬体重は14キロ増。この状況は、2年前の三冠牝馬アーモンドアイとまったく同じであった。

写真／JRA

素顔を知る人

渡邉薫
ノルマンディーファーム・スタッフ

1981年7月23日生まれ。福岡県出身。イングランディーレが勝利した2004年天皇賞・春を見て以来、競馬に興味を持ちノーザンファーム→五輪共同育成センターを経てノルマンディーファームに入社して、デアリングタクトを1歳時からずっと担当してきた。

放牧中に感じられた この馬ならではの賢さ

牧歌的な環境で育ったおてんば娘――デアリングタクトに対してそうしたイメージを持つ方も少なくないだろう。だが、ノルマンディーファームで彼女を担当していたスタッフの渡邉薫に話を聞くと、それは少々異なるようだ。

「私は1歳の冬に彼女と初めて会いましたが…冬毛が長くてヒョロっとして、少しみすぼらしく見えるくらいでした。ただ、今はなくなりましたが、この頃は額に角みたいなでっぱりが2個あったんです。角がある馬って見たことがなかったのでどうなんだろうとは思いました」

まるでユニコーンのような逸話を持つ幼少期のデアリングタクト。調教が始まるとその乗り味が話題になり始めた。

「体幹が強くて、走っていても一切ブレることがなかったんです。こうした走りをする馬は初めてでした。スピードがある馬でしたが、馬自身はとても賢くて、ゴールの位置がわかっているからゴールを過ぎると自然と速度を緩めてくれました」

そうしたデアリングタクトの賢さは放牧中にも見られたという。

「放牧地に水を持っていくと、弱い（位が低い）馬は最後まで飲めないんですが、デアリングタクトはいつも最後の方に来るんです。弱いからではなくて、みなが飲み終わって確実に飲めるところを狙うみたいな。賢いというか可愛げがないというか（笑）。だから夜間放牧中でも無駄な

道悪となった桜花賞では外を回って直線へ。粘る先行馬を見事に差し切り、ここに3戦3勝の無敗の桜花賞馬が誕生した。

写真／JRA

プロフィール

生年月日	2017年4月15日生まれ
性別	牝馬
毛色	青鹿毛
父	エピファネイア
母	デアリングバード（母父：キングカメハメハ）
調教師	杉山晴紀
馬主	ノルマンディーサラブレッドレーシング
生産牧場	長谷川牧場（日高）
戦歴	13戦5勝（海外1戦0勝）
主な勝ち鞍	桜花賞、オークス、秋華賞

レースの軌跡

2019年11月にデビュー。2戦目のエルフィンSを圧勝し、わずか3戦目で桜花賞に挑戦。重馬場をものともせず豪快な差し脚で一冠目を奪取した。続くオークスも直線狭くなりながら馬群を抜け出して快勝。秋は秋華賞に直行し、大幅な馬体増ながら優勝。史上初の無敗の牝馬三冠馬となった。さらに同年はジャパンCにも出走。3着に敗れたものの、最強を誇るアーモンドアイとコントレイルに迫り、牝馬三冠馬の実力を見せた。

ケガをしなかったのかなと思います」

やがて競走馬としてデビューすると、デアリングタクトは桜花賞、オークスを無敗で制覇。初めての夏休みでノルマンディーファームに帰ってきたが、そのときの様子を渡邉はこう振り返った。

「顔もシュッとしてあか抜けた感じはしたんですが、相変わらずカイバはよく食べて（笑）。昔から青草やルーサン（乾燥クローバー）が好みで、与えたらどんどん食べるんです。それで馬体を調整するためにルーサンを与えなかったら『なんでくれないの？』と怒っちゃって（笑）」

3歳になっても中身はまだまだ昔のまま。そんなデアリングタクトは秋華賞も制して史上初となる無敗の牝馬三冠馬に。その後もジャパンCで3着に入るなど活躍したが、4歳になると右前肢繋靭帯炎を発症。5歳になり、約1年ぶりの復帰戦となったヴィクトリアマイルに挑む際、ノルマンディーファームを離れた日のことを渡邉は今も忘れないという。

「普段はベタベタと甘えてくる馬ではないんですが、心細かったのか馬運車に乗るとき、私に頭を寄せて甘えてきたんです。それで私も泣いちゃって（笑）」

そんなデアリングタクトを人に例えると、渡邉は女優の北川景子の名を挙げた。

「美人な顔立ちだっただけじゃなく、凛として、女性から見てカッコイイと思えるタイプの馬。アイドルというよりも女優さんってタイプの馬でした」

この取材後、残念ながらデアリングタクトは現役を去ることになったが、仕事に子育てにと奮闘する北川景子のように彼女もすばらしい母親になるだろう。

デアリングタクトはどんな馬だった？

- 水を飲むにも要領よく飲める賢さ
- 青草とルーサンが大好物
- 人間に例えると女優の北川景子のような美人

阪神JF優勝から直行で臨んだ桜花賞。抜群のスタートからスッと好位につけたソダシは、直線満を持してスパートし、コースレコードで快勝した。

名馬No.35

ソダシ

多くのファンを虜にした美しく輝く毛並みと強さ

素顔を知る人

今浪隆利
元厩務員

<プロフィールは108頁を参照>
ソダシをデビューから担当し、およそ3年、長年にわたって培ってきた経験、技術、知識を活かし、歴史に残る名牝に育て上げた。ソダシと過ごした日々の記憶は今も鮮明に残っている。

文／緒方きしん

イタズラと人間が大好きなお姉さん

「ちょっとヤンチャなお姉さんタイプで、イタズラもしますよ。人間に可愛がられていますし、自身も人間が好きなようです。人間に愛想を振りまいてくれるので現場でも愛されています」

ソダシの担当厩務員だった今浪隆利は白毛のアイドルホースの素顔を愛おしそうに振り返る。

「ただ、身体を触られるのをすごく嫌がるんですよね。こちらも仕事なのでお世話するために触っていると、最終的には『それ以上やると噛むぞ』という態度になるんです。でも本当は噛む気がないので、耳元でカチカチと歯を鳴らすだけなんですよ。それもまた、可愛くてね」

そんなソダシの〝お気に入り〟のイタズラは、馬房の掃除をしている人間のお尻に自身の鼻をくっつけるというもの。そうすると腰を入れて作業ができないので困ってしまうのだが、ソダシはご機嫌なのだという。

「須貝先生にもイタズラしますね。珍しく調教師のことも好きな馬なんですよ。調教師に対して苦手意識がある馬も少なくないのですが、須貝先生はたくさん遊んでくれるので、近づくと馬房から顔を出して呼んでいます。先生も、ニンジンを切って食べさせたり、ジャンパーを好きに噛ませてあげたりして応えてあげていますね。勢い余って時計が壊れちゃったこともありました（笑）。吉田隼人騎

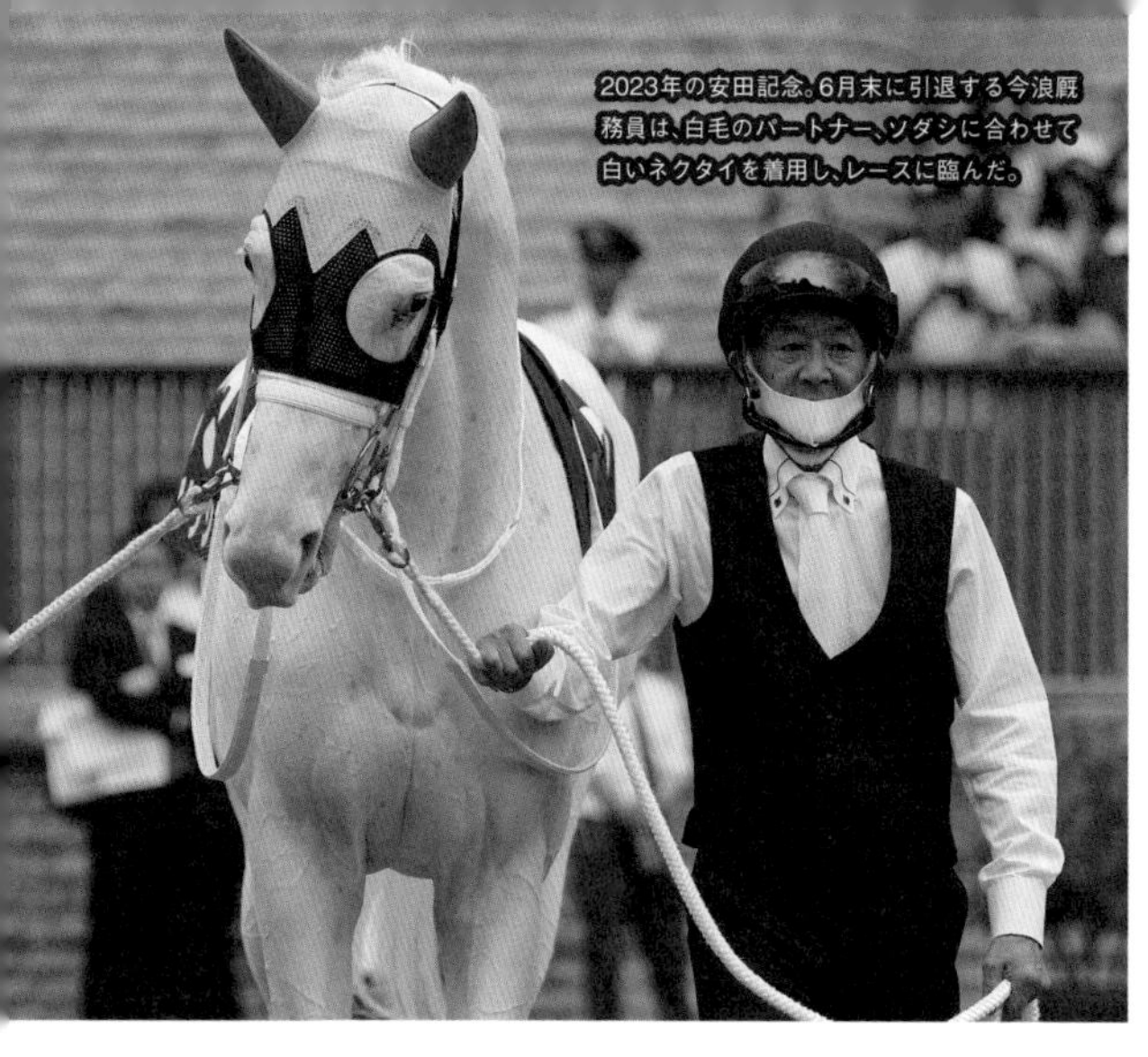

2023年の安田記念。6月末に引退する今浪厩務員は、白毛のパートナー、ソダシに合わせて白いネクタイを着用し、レースに臨んだ。

プロフィール

生年月日	2018年3月8日生まれ
性別	牝馬
毛色	白毛
父	クロフネ
母	ブチコ（母父：キングカメハメハ）
調教師	須貝尚介
馬主	金子真人ホールディングス
生産牧場	ノーザンファーム（早来）
戦歴	16戦7勝
主な勝ち鞍	桜花賞、ヴィクトリアマイル、阪神JF

レースの軌跡

2020年7月に函館のデビュー戦を快勝後、札幌2歳S、アルテミスSを連勝し、続く阪神JFも勝利。2歳時を4戦無敗で終えると翌春は桜花賞に直行し優勝。オークスは8着に終わるが、夏のスーパーGⅡ札幌記念を優勝し、秋華賞に挑むも10着敗退。ここから鉾先をダートに替え、翌年のフェブラリーSで3着に善戦。再度芝路線に戻り、ヴィクトリアマイルを快勝してGⅠ3勝目を挙げる。2023年10月1日に引退を発表。

手も厩舎によく顔を出して、一緒に写真を撮ったり撫でたり、とても可愛がってくれていました」

そんなソダシでも、調教が厳しくなってくると機嫌が悪い日も増えてくる。そんな日は、無口（頭部に取りつける馬具）をつけようと近づくとお尻を向けて嫌がるそうだ。背中に隠していても、賢いのでバレてしまうらしい。

「そうなるともう待つしかないですね。しばらくすると馬房から顔を出して、『こっちにおいでよ』と招いてくれます」

一方、牝馬らしく怖がりな一面もある。デビュー前に初めて入厩したときは環境に慣れるまでキョロキョロ不安そうにしていたそうだ。そしてもっとも反応してしまうのが、周囲の音や異変に対してだ。

「周囲で暴れる馬が出ちゃうと、すぐに反応しちゃいますね。むしろその馬よりもっと暴れちゃったりします（苦笑）。特に反応するのは放馬で、人間よりも先に気がつきます。『あれ？　雰囲気が変わったな？』と思っていると、遠くから『放馬ー！』という叫び声が聞こえてくる感じです。そうなれば、迷わず馬房にUターンして時が過ぎるのを待ちます。あとはたまに、ソダシを見慣れていない馬だとあまりの白さにビックリしたりするんですよね。そういうときは、ソダシは知らんぷりで通り過ぎています」

調教の帰り道にはリラックスしてのんびりとした雰囲気になるなど、オンオフの切り替えがハッキリしているところは、厩舎の先輩であるゴールドシップを彷彿とさせるソダシ。アイドルホースの系譜は続いていくようだ。

ソダシはどんな馬だった？

- **身体を触られるのが嫌い**
- **自分の鼻を人のお尻につけるイタズラが好き**
- **周囲の音や異変に超敏感**

名馬 No.36

イクイノックス

世界1位の勲章を胸にターフを駆ける新時代の王者

2023年の天皇賞・秋は、すごいものを見せてもらった、そんなレースだった。イクイノックスの勝ち時計は驚愕の1分55秒2。世界1位の実力は伊達ではなかった。

文／福嶌弘

素顔を知る人
クリストフ・ルメール騎手

1979年5月20日生まれ。フランス出身。1999年にフランスで騎手免許を取得。2002年から短期免許を取得し、日本での騎乗を開始。2015年にJRAの騎手試験に合格し、通年免許を取得。JRA所属の騎手となった。2018年には215勝を挙げ、年間最多勝記録を更新した。

ルメールが認めた!?「自分に似てる」性格

「もし彼が人間だったら、絶対に僕の友だちだよ」――イクイノックスの鞍上を務めるC・ルメールはそう答えた。

「新潟で初めて会ったときから彼は一流の競走馬でした。レースでは僕の指示もよく聞いてくれたし、僕がどうしたいのかも理解できるほど賢かった。(父の)キタサンブラックに似てストライドが大きくて軽いし、さすがだと思いました」

後に「天才少年」と称されたイクイノックスだが、その片鱗はすでに見せていたといえるだろう。2歳にして人間の考えやレースを理解する様子を感じたルメールは「歴史に名を残す名馬になる」と確信していたという。それだけに翌春の皐月賞、ダービー共に2着という成績は歯がゆいものとなったが、ルメールは「成長段階だった」と振り返る。

「皐月賞は観客も多いせいか興奮して落ち着くことができなかったし、皐月賞もダービーも18番という枠で厳しい条件だった。だけど、どちらも2着ととてもよく走ってくれた。だから僕は『秋になれば彼は進化する』と思っていたよ」

ルメールの予想通り、イクイノックスは秋になるとパワーアップ。古馬を相手に初めて走った天皇賞・秋では大逃げを見せたパンサラッサを猛追して差し切り、続く有馬記念でも早めにスパートを打って完勝とその実力を開花させた。

「天皇賞・秋は正直『追いつけないかも』

すばらしいパフォーマンスと鞍上も絶賛した2022年の有馬記念。勝負どころで一気に進出すると、直線ではリードを広げて優勝。ここでは力が一枚も二枚も違った。

プロフィール

生年月日	2019年3月23日生まれ
性別	牡馬
毛色	青鹿毛
父	キタサンブラック
母	シャトーブランシュ（母父：キングヘイロー）
調教師	木村哲也
馬主	シルクレーシング
生産牧場	ノーザンファーム（早来）
戦歴	9戦7勝（海外1戦1勝）
主な勝ち鞍	天皇賞・秋（2回）、有馬記念、宝塚記念、ドバイシーマクラシック

※戦歴・主な勝ち鞍は2023年10月末現在のもの

レースの軌跡

2021年8月にデビュー。2戦目で東京スポーツ杯2歳Sを制すると、翌年の皐月賞に直行。2着に惜敗すると、日本ダービーでも2着に惜敗。秋は菊花賞路線に進まず、天皇賞・秋に直行し、古馬をまとめてなで斬り。年末のグランプリも圧勝して、名実共に日本最強馬となった。古馬になるとドバイシーマクラシックを逃げ切り、レーティング世界1位を獲得。その後、宝塚記念と天皇賞・秋を連勝した。

と一瞬心配になったけれど残り300メートルのところでトップスピードが出たときに差せると確信した。有馬記念はライバルのことよりもこの馬のスタミナを維持できるかを考えていたけれど、最後は実力を見せつけることができて、すばらしいパフォーマンスになりました」

秋の古馬GⅠ戦線で古馬を制圧したイクイノックス。4歳初戦はドバイの地で迎えたが、調教では「空を飛んでいるよう」とルメールが評したように絶好調。その言葉通りドバイシーマクラシックを逃げ切ると、帰国後に臨んだ宝塚記念でも貫禄の勝利。ロンジンワールドベストホースランキング1位の実力を証明した。

「彼は僕とよく似ている。やるときはやるけどそうでないときはリラックスしている。僕も彼も競争心がとても強いし、レースには全力で臨む。いいコンビだよ」

まさに完全無欠といえるコンビだが、ルメールによるとイクイノックスにはこんな癖があるらしい。

「ゲートの中にいるのがあまり好きではないみたいなんだ。狭いからなのか、せっかちで早く走りたいからなのか…興奮し過ぎると出遅れてしまうから、ゲートに入るときは気をつけているよ」

この取材後、イクイノックスは連覇を目指して天皇賞・秋に出走。ルメールの言葉通り、ゲートでは少し居心地が悪そうにしていたが、レースではすばらしい走りを披露してレコード勝ちを飾った。

「競争心が強く、レースには全力で臨む」――2023年の天皇賞・秋を振り返ると、イクイノックス（とルメール）の性格がよく表れていた気がしてならない。

イクイノックスはどんな馬？

- 人間の考えやレースをしっかり理解できる賢さがある
- 普段はリラックスしていても、やるときはやる
- ゲートに閉じ込められるのがちょっと苦手

個性派名馬列伝③

中東で輝いた令和の大逃亡者

パンサラッサ

プロフィール

生年月日	2017年3月1日生まれ
性別	牡馬
毛色	鹿毛
父	ロードカナロア
母	ミスペンバリー（母父：モンジュー）
調教師	矢作芳人
馬主	広尾レース
生産牧場	木村秀則牧場（日高）
戦歴	26戦7勝（海外4戦2勝）
主な勝ち鞍	サウジC、ドバイターフ、中山記念

※戦歴と主な勝ち鞍は2023年10月末現在

最近の競馬はつまらなくなった。馬群はいつも固まり、直線でヨーイドンばかり。昔は大逃げがあったり、向正面からマクったりと、道中で動きがあって楽しかった、と嘆く昔からのファンは案外多い。そんなオールドファンを魅了するのがパンサラッサだ。まるで往年のツインターボを彷彿とさせる大逃げが持ち味の個性派である。

この馬は突然覚醒した。きっかけは5歳秋、オクトーバーSで吉田豊と初めてコンビを組んだときだった。陣営からの要望もあり、鞍上は押して押してハナに立ち、他馬を大きく引き離す戦法で勝利した。大逃げは勝てば鮮やかだが、大敗しやすい諸刃の戦法。だが、陣営は本馬の今後の競走生活を「逃げ」に賭けた。

そこから快進撃が始まる。福島記念（鞍上は菱田裕二）で重賞初制覇、再び吉田豊とコンビを組んだ中山記念を勝ち、さらに海外GIのドバイデューティフリーまで逃げ切ってしまった。そして一躍、同馬をスターダムに押し上げたのが2022年の天皇賞・秋。海外GIを勝ったとはいえ、強豪ひしめく国内の王道ＧＩで、大敗リスクもある逃げ一手の馬にファンも懐疑的になり、単勝は7番人気だった。大逃げは予測できたが、直線に向いてもまだ後続の差が20馬身ほどあったときには、さすがに場内がどよめいた。最後の最後でイクイノックスに差されて2着だったが、あっぱれな逃げっぷりに多くのファンが拍手を贈った。その翌年、1着賞金1000万米ドル（当時のレートで約13億円）のサウジＣも制した。パンサラッサと陣営は、賭けに勝ったのである。

おわりに

ネットで何でも検索できてしまうこの時代、名馬の軌跡を追うのは簡単だ。GⅠを勝ったような馬であれば、その情報はネット上にくわしくまとめられている。しかし、そこは玉石混交の世界。正しい情報もあるが、いくばくかの誤りが含まれていたりするので鵜呑みにするのは危険だ。しかもそれが客観的なもので単なる誤植であるならまだしも、時にまとめた人間の主観（バイアス）が入り込み、誤った見方が正しい情報として発信され、拡散してしまうことだってある。

本書を製作する上で怖かったのは、まさにこの点だ。「名馬をテーマにした書籍を作ろう」から始まったこのプロジェクトだが、難しかったのは、どの馬を選ぶのかより（もちろんこれも難しかったが）、いかに正しく新たな情報を発信できるか、ということだった。そのためにはどうすればいいのか。文献資料やレース映像をとにかく漁って書く…いや、それでは普通の名馬解説本になってしまう。どこかで見たような記事ばかりで、読む側に新たな発見がないつまらない本になってしまうのではないか。実際、名馬をテーマにしたその手の本はこれまでにもかなりの数が出ている。その差

別化は必要だ。

そこで我々は、第三者的視点で名馬の軌跡を追って解説していくのをやめ、名馬と直接触れ合ってきた近しい関係者に改めてその馬の話を聞き、それを記事にしていくという手法をとることにした。関係者が実際に接していて感じた、強さだけではない名馬の素顔や本質にアプローチしようと考えたのだ。ただ、関係者といっても全員に話を聞けるわけではない。そこで1頭につき取材をするのはひとりと決め、掲載する名馬のセレクトと同時に、関係者のリストアップを進めた。

どのような関係者を選び、話を聞くべきか、我々はあえて厩舎関係者だけに絞らないようにした。関わり方のありようで馬への見方は変わってくるし、さまざまな役割の人に話を聞くことで、今までメディアに出てこなかった新たな証言を聞けるかもしれない。だから、今回取材の依頼をした方々は、馬によって、騎手、調教師、厩務員、調教助手、獣医、生産牧場や育成牧場の担当者など、かなりバラエティに富んだ顔ぶれとなった。そんな彼らに、その名馬がどんな馬だったのか、役割ごとの独自の視点で語ってもらうことができた。

彼らが名馬と接してきた時間はとても短い。今回取り上げた名

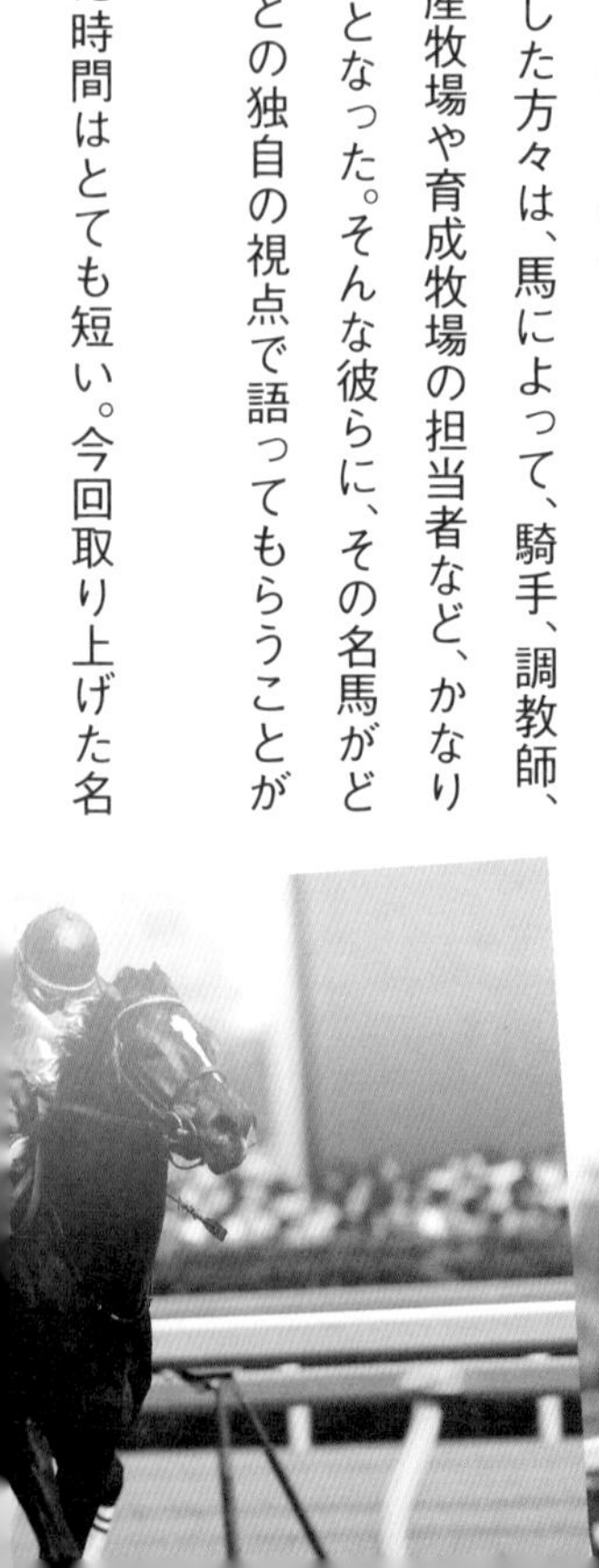

馬に関していうと、現役期間はオジュウチョウサンの9年は例外だとしても、だいたい3～4年程度である。当然ながら、四六時中一緒にいるわけではない。だが、その短い時間の中で彼らは名馬と共に濃密な時間を過ごしてきた。そして、名馬との関係が濃密であればあるほど、そこには馬を核にさまざまなストーリーが生まれていく。

名馬の素顔を追うといいながら、本編には名馬を巡る人間ストーリーを書いた箇所も多くある。ただそうした「秘話」も、名馬にまつわる新たな情報として興味深く読んでいただけたなら、我々もうれしい。もちろん、名馬の意外な一面やエピソードもたくさん盛り込めた。競馬に精通している（と自負している）我々名馬取材班も、今まで知らなかった話がたくさん聞けたのは喜びだったが、何よりそのおかげで、この本を既存の名馬本とはひと味違った1冊にすることができた。

最後に本書の出版にあたり、お忙しい中、我々の取材に貴重なお時間を割いていただいた関係者のみなさまに、この紙面を借りて心から感謝申し上げます。ありがとうございました。

マイクロマガジン名馬取材班一同

■マイクロマガジン名馬取材班

本書製作プロジェクトのために緊急招集された名馬取材チーム。そのメンバーは、さまざまな競馬メディア媒体に寄稿しているライター、競馬専門紙記者、スポーツ紙の競馬記者など多士済々。競馬に精通しているエキスパートが名馬の関係者を直撃し、その真の姿を追った。

■名馬取材班メンバーと取材・執筆担当馬（※敬称略、並びは五十音順）

大恵陽子（競馬リポーター）
メジロマックイーン、ミホノブルボン、ナリタブライアン、マヤノトップガン、ディープインパクト、ウオッカ、オルフェーヴル、ロードカナロア、ジェンティルドンナ、キタサンブラック

大薮喬介（競馬ライター）
ビワハヤヒデ、ステイゴールド、クロフネ、パンサラッサ

緒方きしん（競馬ライター、競馬コラムサイト『ウマフリ』代表）
ゴールドシップ、ソダシ

岡野信彦（マイクロマガジン社編集）
オグリキャップ

小川隆行（競馬ライター）
キングカメハメハ、ダイワスカーレット

福嶌弘（競馬ライター）
スティルインラブ、キズナ、コントレイル、デアリングタクト、イクイノックス

藤井真俊（東京スポーツ）
エルコンドルパサー、アーモンドアイ

不破由妃子（競馬ライター）
エアグルーヴ、サイレンススズカ、メジロドーベル、テイエムオペラオー、アグネスデジタル、オジュウチョウサン

山河浩（東京スポーツ）
サクラバクシンオー

和田章郎（ノンフィクション作家）
トウカイテイオー、スペシャルウィーク、グラスワンダー、アパパネ

和田稔夫（サンケイスポーツ 週刊Gallop）
タイキシャトル、シンボリクリスエス

もうひとつの最強馬伝説
～関係者だけが知る名馬の素顔

2023年12月18日第1版　第1刷発行

編著　マイクロマガジン名馬取材班
発行人　子安喜美子
発行所　株式会社マイクロマガジン社
〒104-0041　東京都中央区新富 1-3-7 ヨドコウビル
TEL03-3206-1641　FAX03-3551-1208（販売営業部）
TEL03-3551-9564　FAX03-3551-9565（編集部）
https://micromagazine.co.jp
印刷製本　株式会社光邦
カバー写真　宮原政典
本文写真　宮原政典 /JRA フォトサービス
編集　岡野信彦
編集協力　仲野麻子／姫東源（桃助株式会社）
カバー・本文デザイン　板東典子（レトロエレクトロ）
校正　芳賀惠子

2023 Printed in Japan　ISBN978-4-86716-502-7　C0075